USCHI CONSTANZE DAVID

———————

TREPPE ZUM HIMMEL
Die Wiederentdeckung des Selbstwerts

USCHI CONSTANZE DAVID

———————————————

TREPPE
ZUM
HIMMEL

Die Wiederentdeckung des Selbstwerts

———————————————

FSC
www.fsc.org
MIX
Papier aus ver-
antwortungsvollen
Quellen
Paper from
responsible sources
FSC® C105338

© USCODA PUBLISHING Stecher
Postfach 11 (Mittelstädter Straße 1)
72658 Bempflingen
mail@uschiconstanzedavid.de

Auflage März 2025
© 2025 Uschi Constanze David / USCODA PUBLISHING Stecher

Graphic und Umschlaggestaltung: Norbert Pielsticker
Korrektur: Sabine Albrecht
Satz: Sabine Albrecht
Verlag: BoD · Books on Demand GmbH, In de Tarpen 42,
22848 Norderstedt, bod@bod.de
Druck: Libri Plureos GmbH, Friedensallee 273,
22763 Hamburg

ISBN: 978-3-7693-7744-6

Dieses Buch widme ich meinen Kindern
und Kindeskindern.
Möge es Euch inspirieren und
zu ungeahnten Höhen führen.

INHALT

VORWORT

Sehr, sehr lange habe ich mich als Opfer gesehen, als Geschädigte seitens meiner Familie, des Lebens, der Umstände und der Zustände in dieser Welt allgemein. Mir war weder bewusst, wie tückisch diese Haltung ist, noch ahnte ich, wie fatal sie sich auswirken kann. Solange wir uns als Opfer betrachten, ist es gewissermaßen unmöglich, sich selbst ganz zu fühlen und sich anzunehmen, geschweige denn zu führen. Sich selbst zu führen, ist jedoch entscheidend, wenn es um Erfolg, Erfüllung und Glück geht. Wer die Tracht des Opfers trägt – und sie ist DIE weltweite Uniform schlechthin, auch wenn die wenigsten Betroffenen sich dessen umfassend bewusst sind, verleugnet das eigene Selbst und kann deshalb niemals wirklich erfolgreich, ganz erfüllt und glücklich sein. Die Gewissheit von Erfolg und Erfüllung müssen einem Menschen in der Opferhaltung zwangsläufig versagt bleiben. So war das auch bei mir. Allen guten Abschlüssen in Schule und Studium und zahlreicher anderer Qualitäten zum Trotz trat ich beruflich lange auf der Stelle, wurde nie befördert, ganz gleich in welchem Bereich ich gerade tätig war, und erhielt auch privat kaum oder nur wenig Anerkennung. Ich rödelte und rödelte und kam doch nicht wirklich vom Fleck. Ich war die Frau, die sich stets bemühte, jedoch nichts als Mühe erntete. Den Frust, der daraus resultierte, projizierte ich häufig auf andere, auf Gott und die Welt. Als mir diese Haltung endlich zu dämmern begann, schwächte sich zwar vieles ab, doch der Weg raus aus der Mangelspirale war damit noch lange nicht zu Ende. Denn als ich begriff, was mit mir los war, stiegen erneut Vorwürfe und Wut in mir auf. Wie gebannt starrte ich auf meine teilweise traumatische Kindheit, auf das Milieu, aus dem ich stamme und auf meine Schwächen. Jahrelang arbeitete ich daran, zu vergeben und loszulassen, und bemerkte nicht, dass ich mich dabei im Kreis drehte. Als es mir schließlich bewusstwurde und ich endlich bereit war, die Vergangenheit hinter mir zu lassen, begegnete ich meiner Enttäuschung und meiner Selbstsabotage. Bisweilen wurde der innere Kritiker in mir so laut, dass mir der Kopf dröhnte und meine Ohren klingelten. Ich versuchte nun vehement, meinen Nichttalenten zu Leibe zu rücken. Doch das war entweder erfolglos oder nicht anhaltend. Ich war wie eine Katze im Sack, die verzweifelt den Ausweg sucht und sich dabei ständig in den eigenen Schwanz beißt, anstatt den Sack zu zerfetzen. Klar, dass mich das mit der Zeit ermüdete. Und aus dieser Ermüdung heraus verfiel ich dann in den Selbstvorwurf: *Ich schaffe es einfach nicht. Alle Bemühungen sind umsonst.* Ich steckte in meinem Ungenügend wie in einer Gefängniszelle, bis ich erkannte, dass ich selbst der Wächter mit dem großen Schlüssel für die Tür bin. Im Zuge dieser Erkenntnis keimte eine Frage in mir auf: Wie kann ich hartnäckige Muster durchbrechen und eigene Verhaltensweisen so ändern, dass sich auch im Außen andere Ergebnisse zeigen? Von da an ging es ans Eingemachte und schließlich zur Treppe, die in den Himmel führt. Dich, liebe Leserin und lieber Leser, nehme ich mit auf eine Reise, die viele Jahre dauerte. Als ich beim Selbstwert anlangte, schrieb ich dieses Buch.

Nur wer sich findet, kommt letztlich weiter.

01 | SICH SELBST AUF DIE SCHLICHE KOMMEN

Hinter jeder Veränderung, ob persönlich oder gesellschaftlich, steht ein Mensch. Der Mensch ist der wichtigste Differenzierungsfaktor für Entwicklung und Wachstum. Nur der Mensch kann echte Veränderung bewirken, kann Altes überwinden und zu neuen Ufern aufbrechen. Jeder Einzelne von uns ist also der entscheidende Schlüssel, wenn es darum geht, etwas zu wandeln und zu verändern. Solange wir jedoch die Uniform anbehalten, die wir und unsere Vorfahren einst verpasst bekamen, ganz gleich um welche es sich handelt, wird sich nichts ändern. Weder bei dir noch bei mir oder gesamtgesellschaftlich. Es ändert sich erst etwas, wenn du als Mensch zu dir vordringst, den wesentlichen Kern in dir begreifst, daraus andere Verhaltensweisen ableitest und neue Entscheidungen triffst.

Begriffe wie Change und Transformation sind derzeit allgegenwärtig. Doch wie ernst ist es uns damit? Sind wir wirklich bereit, uns selbst zu erkennen und den daraus resultierenden Erkenntnissen durch bewusstes Handeln auf die Sprünge zu helfen? Sind wir bereit, uns von dem zu lösen, was uns nicht mehr dient, und uns zu wandeln. Wenn wir uns aus den Mustern herausschälen sollen, die wir von klein auf gewohnt sind, ist oft viel Bequemlichkeit und auch Halbherzigkeit im Spiel. Ich kenne das zur Genüge von mir. Selbsterkenntnis verbunden mit echten Verhaltensänderungen, mit dem Durchdringen unserer selbst ist das Nadelöhr, durch das wir hindurchmüssen, um zu sein, wer und was wir sein wollen und was uns wirklich dient.

Ich weiß nicht, wie das bei dir ist, liebe Leserin, lieber Leser, aber ich lebte in den ersten vierzig Jahre meines Lebens in einem Stadium, welches ich aus meiner heutigen Sicht nicht anders als unbewusst bezeichnen kann. Ich wuchs auf, beendete die Schule, fing an zu arbeiten, studierte, traf irgendwann einen Mann, dem mein Herz zuflog, heiratete und gründete eine Familie. Während dieser ganzen Zeit agierte und reagierte ich, ohne groß auf mich selbst zu achten oder mich gar zu reflektieren, denn so war ich es gewohnt. Innerlich war ich zwar oft rebellisch, aber ich traute mich nicht, diese Rebellion auszuleben. Ich hatte nicht den Mut, wirklich anzuecken, sondern blieb wie schon in der Kindheit letztlich artig und angepasst. Ich erfüllte die Erwartungen, die seit Generationen diktiert und weitergegeben werden, ohne sie zu hinterfragen. Gleichzeitig hatte ich immer das Gefühl, nicht gut genug zu sein und war deshalb in nahezu jeder Hinsicht auf das Außen fixiert. Ich wollte es jedem und allen recht machen. Dem nagenden Gefühl der Unzulänglichkeit wich ich aus, so gut es ging und wo immer ich konnte. Ich lenkte mich von mir selbst ab, indem ich hartnäckig auf die Außenwelt fokussiert blieb, mich mit anderen Dingen und Menschen beschäftigte oder noch mehr rödelte, nur um mich nicht mit mir auseinandersetzen zu müssen. Schon gar nicht wollte ich mich dem Gefühl aussetzen, nicht gut genug zu sein, mich nicht wertvoll zu fühlen, Gebrauchtwerden war für mich lange eine der größten Drogen, die es gibt, um mein latentes Unbehagen zu beschwichtigen.

Zu glauben, man sei nicht genug, sich als ungenügend zu empfinden, sich womöglich sogar als Opfer zu sehen, ist ein niederschmetterndes Gefühl und stets mit Selbstabwertung verbunden. Solchen Gefühlen weicht man selbstverständlich aus, so gut es geht. Nur um sie nicht fühlen zu müssen, maskieren wir sie. Die Maske sitzt irgendwann so gut, dass wir sie als unser wahres Ich ansehen, während der Schmerz, der mit diesem Nichtfühlen verknüpft ist, in den tieferen Schichten unseres Seins sitzt und dort ein leises Gift entfaltet, das uns immer weiter schwächt oder von uns selbst wegführt. Befinden wir uns in diesem Zustand, ist jede Art von wirklicher Weiterentwicklung nahezu unmöglich. Ohne es zu bemerken, gehen wir jeder Gelegenheit zu wachsen aus dem Weg, statt sie beherzt als

Chance zu ergreifen. Wir sind latent oder offensichtlich unzufrieden, stopfen uns mit Essen voll, jagen dem Geld nach, sind anerkennungswütig, angriffslustig, gierig, hasserfüllt, herrisch, missgelaunt, neidisch, ruhmsüchtig, verletzend oder deprimiert, lethargisch, traurig oder spielen uns als Helden oder Opfer auf, um den Schmerz, der tief in uns hockt, nicht hochkommen zu lassen. Ohne uns dessen bewusst zu sein, tun wir alles, um all diese Gefühle zu vermeiden, die uns mit der Wahrheit in uns selbst konfrontieren würde. Wir vergraben uns in Arbeit, surfen im Internet, hängen vor der Kiste herum, essen zu viel oder zu wenig, treiben exzessiv Sport oder werden sogar drogenabhängig. Wir sind nicht wirklich wir selbst, denn das hieße, ganz bei sich zu sein. Das sind unsere blinden Flecken, das ist unsere Dunkelheit. Damit verbunden ist immer ein niederer Selbstwert und eine quälende Haft des Mangels. Es ist ein auf das Außen projizierter Trigger, der uns ständig unter Spannung und auf Trab hält. Ein Ungenügend in uns, mag es auch noch so latent sein, kann Stress verursachen, ohne dass wir auch nur annähernd erahnen, dass das so ist und weshalb.

Wer aus diesem Zustand aussteigen will, braucht zunächst mal eine Wahrnehmung für sich selbst, muss Stück für Stück zur eigenen Wahrheit vordringen, ein Mehr an Verbindung zu sich selbst schaffen. Er muss sich sozusagen besinnen. Der

Zugang zum Selbst ist die Voraussetzung, um Zustände zu überwinden, die uns schaden und in unserem Fühlen und unserer Entwicklung behindern. Vielen Menschen ist das heute auch bewusst. Die Analyse und Entwicklung der Persönlichkeit ist zu einem Boom geworden. Der Markt schwappt über von Beratern und Coaches, die uns zu einem besseren Leben verhelfen wollen. Wir befinden uns in der Phase des »Ich-bin«, ein Prozess, der jedoch ebenfalls voller Fallstricke steckt.

Um aus der Mangel-Haft aussteigen zu können, brauchen wir fundiertes Wissen, was das Selbstkonzept betrifft, und wir müssen einen Zugang dazu finden. Das mag sich für manche Menschen abstrus und langweilig anhören, der eine oder andere wird sogar einwenden: »Ich bin doch ich selbst und ich bin auch bei mir selbst.« Für den Zugang und die Erkenntnisse, die ich meine, ist jedoch eine Öffnung erforderlich, die über das Gewohnte hinausführt. Es ist deshalb äußerst hilfreich, ja, notwendig, das Selbstkonstrukt und seinen Aufbau in seinen gröbsten Strukturen zu verstehen. Das Paradoxe ist nämlich, dass wir uns für das Unbekannte hinter dem Sichtbaren öffnen sollen. Und das Unbekannte löst meist Furcht in uns aus. Deshalb sind wir nicht automatisch offen dafür, sondern müssen zu dieser Öffnung bewusst hinstreben oder uns zu ihr hinführen lassen.

Sich selbst und damit dem Sein auf die Schliche zu kommen, ist eine lohnenswerte Sache. Selbst wenn wir nicht die Riesenerfolge damit einfahren, wird unser Lebend dadurch bunter und abwechslungsreicher. Es gewinnt an Farbe und wir werden glücklicher und resilienter dabei.

Im berühmten Höhlengleichnis von Platon geht es darum. Platon vergleicht das uns Bekannte, die sinnlich wahrnehmbare Welt des Vergänglichen, mit einer unterirdischen Höhle. Aus dieser Höhle herauszutreten, ist ein Akt der Befreiung. Damit er gelingt, muss der Mensch sich aus der Anhaftung an die Welt der alltäglichen Dinge lösen, mit sich ringend das Schattenreich verlassen und dem Unbekannten entgegenschreiten. Wenn wir die Schritte wagen und dem Licht entgegengegen, das wie ein Blendwerk als dumpfe Ahnung in die Höhle fällt, können wir nach Platons Vorstellung in die rein geistige Welt des Seins der unwandelbaren Ideen gelangen. Das klingt sehr abstrakt. Vereinfacht ausgedrückt, ist es eine Art Erwachen aus dem üblichen Bewusstseinszustand hin zu natürlichem Bewusstsein, das Eintreten in einen wahrhaftigeren Zustand. Natürliches Bewusstsein ist uns angeboren, insofern sollte der Zugang im Grunde easy sein. So ist es aber nicht. Denn der Zugang zu diesem natürlichen Bewusstsein ist seit Tausenden von Jahren verschüttet. Wir leben wie Maulwürfe im Dunkeln und müssen uns erst ans Licht buddeln. Wir sind Höhlenbewohner, ohne dass uns dies hinreichend klar ist. Die meisten von uns kennen nur einen winzigen Teil von ihrem Selbst und sogar den oft nur bruchstückhaft. Zudem liegen häufig Abgründe zwischen unserer Selbstwahrnehmung und der Wirkung, die wir entfalten. Was ich unter dem Zugang zum Selbst und dem Aufbau unseres Selbst verstehe, ist also oft etwas durchaus Nebulöses. Es entzieht sich unserer Wahrnehmung, obwohl es zu uns gehört, ja den wesentlichen Teil von uns ausmacht. Der spontane Zugang dazu ereignet sich eher selten, aber er kommt vor. Dramatische Umstände, wie beispielsweise vom Tode bedroht zu sein, können ihn ebenso forcieren wie ein Moment der Ekstase. Von schönen, bewusst erlebten Momenten sprechen manche Menschen genauso wie von schrecklichen und gefährlichen Augenblicken, die sie schlagartig wachrütteln und auf eine neue Umlaufbahn befördern. Sowohl besonders schöne als auch extreme und kritische Lebensmomente bringen uns also mit etwas Wesentlichem in uns in Berührung. Einer meiner Lieblingssprüche lautet deshalb: Der beste Lehrmeister ist das Leben selbst. Wobei dieser Spruch mit Vorsicht zu genießen ist. Denn das Leben als Lehrmeister kann sehr hart sein, was dann erst recht Verzweiflung in uns auslösen kann. Es geht auch einfacher. Die Öffnung,

von der hier die Rede ist, kann unter bewusster Anleitung und Führung auch willentlich herbeigeführt
und praktiziert werden. Denn es handelt sich um
etwas, das vorhanden ist und Wirksamkeit erfahren
möchte. Dieses Buch kann dir dabei helfen.

Nicht jeder Mensch verfügt über die Fähigkeit,
Bewusstsein zum eigenen Selbst aus sich selbst heraus zu entfalten, geschweige denn den Zugang dazu
eigenständig für immer zu öffnen. Die meisten von
uns haben das nie gelernt und sehen sich dahingehend deshalb mit Schwierigkeiten konfrontiert. Es
handelt sich um einen Unterricht, der im derzeit
etablierten Schulsystem nicht vorgesehen ist. Solange es einem Menschen mit dieser Nicht-Erfahrung
gutgeht, kann er es dabei belassen. Sie absichtlich
herbeizuführen, ist keine absolute Notwendigkeit,
aber empfehlenswert. Ich bin sicher, dass sich jeder
eines Tages damit in irgendeiner Form konfrontiert
sieht. Mancher vielleicht erst im Moment des Todes. Aber es ist eine Konfrontation, die unweigerlich
auf jeden von uns zurast.

Für alle, die die Erfahrung gern vorher machen,
die tiefergehen wollen, gilt: Die Pforte zum wahren
Selbst wartet immer darauf, von uns entdeckt zu
werden. Und viele Wege führen nach Rom. Auch
Umwege gehören dazu. Manchmal muss man ganz
lange ganz weit weg oder ganz weit aus sich heraustreten. Manchmal muss man ganz tief reingehen.

Manchmal öffnet sich der Zugang durch einen Schicksalsschlag. Immer aber wartet unser Selbst darauf, dass wir diese Pforte öffnen und uns ihm zuwenden. Manchmal braucht es eine ganz feste Absicht, damit man reinfindet. Zuweilen ist es klug, sich begleiten zu lassen, sich Unterstützung zu holen. Sollte uns jemand begleiten, will diese Person allerdings gut gewählt sein. Nicht jeder Coach oder Mentor, der das Blaue vom Himmel verspricht, ist ein Garant des Gelingens. Das hat nämlich vor allem mit uns selbst und dem Punkt, an dem wir stehen, zu tun. Es ist allerdings davon auszugehen, dass Trainings, die bestimmte Anleitungen und zielorientierte Methoden und Tools vermitteln, hilfreicher sind als solche, die sehr personenbezogen sind oder uns gar auf Irrwege führen. Selbsterfahrungsfelder bergen wegen der Nähe und Vertrautheit, die dabei eine Rolle spielen, durchaus Gefahren. Es können Abhängigkeiten entstehen. Es können Manipulationen wirksam werden. Und wer sich seines Zieles nicht gewiss ist, kann in ein völlig falsches Fahrwasser geraten. Jeder, der am Tropf eines selbsternannten Gurus hängt, muss sich eines Tages losreißen, um wieder bei sich selbst anzukommen.

Echter Wandel entsteht aus veränderten Denkweisen in Verbindung mit den Gefühlen, die sie transportieren, den daraus hervorgehenden Fähig-

keiten, den Verhaltensweisen, die sich daraus ablei-
ten und den Handlungen, die daraus hervorgehen.
Und das ist in der jeweiligen Zusammensetzung
bei jedem Menschen einmalig. Voraussetzung dafür ist, dass wir uns selbst kennen, wissen, was uns
ausmacht und dass wir uns mit all unseren Stärken
und Schwächen akzeptieren – no matter what. Was
aber macht uns aus? Wer sind wir? Was sind unsere wahren Bedürfnisse? Wie wirken wir? Wie kann
jeder von uns sein einzigartiges Wirken entfalten?
Und wie wirkt sich unser Wirken auf andere aus?
Es existieren Antworten auf all diese Fragen, aber
letztlich muss jeder Mensch seine eigenen finden,
denn gerade darin liegt der Schatz, den wir nur
selbst heben und auf ureigenste Weise zum Ausdruck bringen können.

Das, was mich ausmacht, ist das, was ich bin, wer
ich bin, wie ich wirke und wie ich diese Wirkung
wahrnehme und weiterentwickle. Das hat wiederum
damit zu tun, wie ich denke, fühle, handle, mich ver-
halte und, ganz wichtig, wie weit es mir gelingt, tatsächlich zu meinem ureigensten Sein und meinem
Wert als Mensch in dieser Welt und dieser Zeit vorzudringen. Ich bin vollständig. Ich bin ein denken-
des, fühlendes, lustvolles, handelndes, schwingendes
Wesen, das sich in seiner Ganzheit ausdrücken und
als Ganzes erfahren und leben will. Das habe ich
immer gewusst und latent gespürt, auch wenn ich

es lange nicht lebte, weil die übernommenen Muster, die Unterdrückung und vor allem die Zweifel an mir selbst stärker waren, als das Gefühl ganz und gar und wertvoll zu sein.

Unsere Gefühlswelt ist bei alldem entscheidend. Überlies diesen Satz nicht. Er ist von unerhörter Bedeutung. Wir sind fühlende Wesen. Wer schon einmal Schmerz erlebt hat, weiß, wovon ich rede. Wenn er heftig ist, beherrscht er uns dermaßen, dass wir nichts anderes mehr denken können. Der Kopf wird ausgeschaltet. Schmerz ist das drastischste Mittel, um uns daran zu erinnern, wer und was wir sind. Unser Gefühlskörper ist unsere Verbindung zu uns selbst und zu anderen Menschen. Obwohl das so ist, sind die meisten von uns von den eigenen Gefühlen abgeschnitten, zumindest teilweise. Und die Haltung, Gefühle zu verdrängen, zu unterdrücken oder sich von ihnen immer wieder total überwältigen zu lassen, ist weitverbreitet, und das bedeutet immer Dysbalance. Oft wurden unsere Gefühle als unwichtig abgetan, belächelt oder sogar aus uns herausgeprügelt. Deshalb verdrängen wir sie, spüren uns nicht, wissen nicht mehr, wer wir sind, oder wir fallen im Gegenzug in die totale Emotionalität, ohne sie steuern zu können. Das hat dramatische Auswirkungen. Daraus resultieren Krankheit, Mangel, im schlimmsten Fall sogar Besessenheit. Woher ich das weiß? Ich habe es erlebt. Und ich habe jahrelange

Studien an mir selbst betrieben und konnte mich auf diese Weise davon überzeugen, dass es stimmt. Unsere Gefühle sind der Gradmesser. Sie führen uns. Eine von abschätzigen und belastenden Emotionen beherrschte Gefühlswelt ist hochproblematisch, weil sie uns und damit unserem Lebenserfolg und der Schönheit des Lebens im Wege steht. Mit höchster Wahrscheinlichkeit verringert sie dazuhin unsere Lebenserwartung und vermindert unsere Lebensqualität. Wer sich im Tal der emotionalen Niederungen und der Niedertracht aufhält, schädigt dazuhin andere. Und wollen wir uns aus dieser Misere befreien, hilft wiederum nur das Fühlen. Doch wie geht das? Wie fühlt man, wenn man nicht fühlt, nicht fühlen kann, nicht fühlen will oder sofort aus den Fugen gerät, wenn sich die eigenen Gefühle melden? Wie befreit man sich von Emotionen der Angst, des Mangels, der Missgunst, Unsicherheit und des Zweifels, wenn man sich ihrer nicht einmal bewusst ist? Wie bietet man der Dämonisierung von Gefühlen Einhalt? Wie stoppt man abwertende Gedanken und transformiert sie erfolgreich? Wie durchbricht man Muster, mit denen wir uns so identifizieren, dass wir sie als einen Teil von uns ansehen, obwohl sie unwesentlich sind? Weibliches Leadership, wie es sich seit Jahren immer vielfältiger und weiter etabliert, hat Antworten darauf und zudem Tools und Methoden hervorgebracht, die uns helfen, aus dieser perfiden Abwärtsspirale und dieser Verachtung des Lebens auszusteigen.

Falls dir diese Aussagen wie ausgemachter Unsinn vorkommen, gibt es keinen Grund mehr für dich, weiterzulesen. Wenn du jedoch weiterkommen willst oder schlichtweg neugierig bist, dann lies weiter. Lass dich von mir inspirieren und motivieren. Bleib dran. Lass dir etwas erzählen, das es wert ist, mitgeteilt zu werden. Am Ende wirst du vielleicht nicht klüger sein, als du es sowieso schon bist. Du wirst auch nicht die ganze Welt verändern, denn die Welt ist doch ziemlich groß. Selbst dein Leben wirst du nicht vollständig umkrempeln, denn dein Leben ist weit mehr, als du dir vorstellen kannst. Aber mitzuverfolgen, wie ich mich von Gefühlen des Mangels und abwertenden Gedanken, ja, sogar einem ausgeprägten Minderwertigkeitskomplex befreit habe und immer weiter befreie, könnte dein Leben enorm positiv beeinflussen und damit augenblicklich deine Lebensqualität steigern. Möglicherweise durchbrichst du sogar ein eigenes hartnäckiges Muster, das dir zeitlebens im Wege stand. Dieses Buch wäre nie entstanden, wenn ich mich nicht dazu entschieden hätte, mich zu befreien, und zwar wirklich zu befreien. Ich bin so wie du hier, um mir meiner Würde als Mensch bewusst zu sein, um mich von den Halbherzigkeiten zu verabschieden und mich als das ganzheitliche Wesen, das ich bin, voll und ganz anzunehmen.

Vielleicht schreibst du nach dem Lesen dieses Buches dein eigenes Buch oder bist motiviert, eine Feminine Leaderin zu werden oder bringst etwas anderes Großes in die Welt, was mich sehr freuen würde. Denn das, was dich bewegt, bewegt uns alle. Es besteht immer Ansteckungsgefahr. Jede/r Einzelne von uns ist wesentlich. Und ist das Feuer erst einmal entfacht, lodert es in irgendeiner Form weiter.

Inhaltlich ist das Selbst ein evolutionärer, sich ständig weiterentwickelnder Vorgang. Je weniger Widerstand wir dem entgegensetzen, desto besser für uns.

02 | SELBSTENTWICKLUNG

Wir leben in einer Welt, die Fülle im Übermaß bereithält. Dennoch wähnen sich die meisten von uns in irgendeiner Form im Mangel oder sind es tatsächlich. Mangel und Selbstwert hängen eng zusammen. Immer wenn wir das Gefühl haben, nicht gut genug zu sein, unseren Wert infrage stellen, an unserem Aussehen oder unseren Fähigkeiten zweifeln oder uns zu schwach für etwas fühlen, befinden wir uns im Mangel. Im Mangel zu leben, wirkt sich negativ auf alle Bereiche unseres Seins aus und hindert uns daran, unser Leben frei zu gestalten. Was auch immer wir tun, das Minus davor ist schon da, eilt allem voraus und bestätigt damit jede unserer Handlungen und damit auch das Ergebnis. Die Mangel-Haft lässt sich mit einem Gefängnis vergleichen. Wenn Ausbruchversuche scheitern, resultiert daraus erneut eine Art Lähmung, gespeist von einer Angst, die so tief in uns sitzt, dass wir sie oft nicht einmal registrieren. Wir halten diesen Zustand für real und sehen deshalb keine Chance, ihn zu überwinden oder wir versuchen wieder und wieder zu entkommen, um an den gescheiterten Versuchen schließlich zu ermüden. Mangel raubt uns die Fähigkeit, an unsere Träume und Wünsche zu glauben, und hindert uns daran, für sie einzustehen. Wer aber nicht losgeht, nicht für sich einsteht, nicht auf sich und seinen Wert vertraut und bereit ist, sich weiterzuentwickeln, färbt seine Zukunft schwarz, verhindert jede Art von Erfolg und gerät immer weiter in eine Abwärtsspirale. Zugegeben, der Weg aus der Mangel-Haft kann herausfordernd sein, denn Mangel ist immer mit Angst verknüpft, weil wir befürchten, auch noch den Rest unserer Sicherheit zu verlieren, anstatt darauf zu vertrauen, zu wachsen und weiterzukommen. Dadurch fällt es uns schwer loszulassen, also die Kontrolle aufzugeben. Es ist ein Teufelskreis. Denn Mangel löst stets noch mehr Bedürftigkeit aus, und Bedürftigkeit schwächt uns energetisch immer weiter. Wohin führt das? Nirgendwohin.

Doch es existiert ein Faden, der uns aus dem Labyrinth unserer Verirrungen und aus der Mangel-Haft herausführt: Selbstentwicklung. Um uns selbst zu entwickeln, müssen wir uns aber erst einmal selbst erkennen, verstehen, was unser Selbst überhaupt ist, rein theoretisch und auch ganz praktisch. Selbsterkenntnis ist der Faden, den wir durch das Nadelöhr des Seins ziehen müssen, um zu uns selbst zu gelangen und uns weiter zu entfalten.

Gemeinhin versteht man unter dem Selbst das Bild, das wir von uns selbst haben. Was macht mich aus? Was kann ich? Was kann ich nicht? Was zeichnet mich aus? Wie fühle ich mich wahrgenommen? Dabei besteht zwischen dem Bild, das wir von uns haben, und dem Wunschbild, also wie wir uns gern sehen würden, häufig ein Missverhältnis. Um diese Diskrepanz auszugleichen, flüchten wir uns entweder in Optimierungszwänge oder leiden an Minderwertigkeitskomplexen. In jedem Fall fühlen wir uns nicht entspannt, sondern schlecht, unsicher, bauen Widerstände auf oder spielen eine Rolle.

Das Selbst ist inhaltlich ein in sich bewegliches Konstrukt, das sich während der frühen Kindheit bildet. Jeder Mensch wird durch seine Erziehung, seine Vorbilder und die Art, wie er darauf reagiert, konditioniert. Der Ordnung halber bildet dieses sich selbst bildende Konstrukt früh Hierarchien aus. Sie dienen der psychischen Stabilität. Aus diesem Konzept resultiert, was und wie wir über uns selbst denken, was wir fühlen, woran wir glauben und was und wie viel wir uns zutrauen und wie stark wir uns unserer selbst bewusst sind und uns in der Gänze wahrnehmen können. Aus diesem Selbstkonstrukt heraus agieren und reagieren wir. Wir identifizieren uns mit ihm und halten es für so real, sodass wir es kaum je infrage stellen. Sind Mangel und Unsicherheit im Spiel, schränkt sich die Wahrnehmung unserer selbst ein, weil wir von wesentlichen Teilen in uns selbst abgeschnitten sind. Dadurch reduziert sich auch unser Selbstbewusstsein. Das ist uns nicht zwangsläufig bewusst, kann es aber werden. Es ist wie eine Art Blockade im Selbstkonstrukt, die uns ganz selbstverständlich erscheint. Wir halten den Zustand für so normal, dass er uns gar nicht auffällt. Entstehen viele solcher Blockaden, führt man ein sehr eingeschränktes, konventionelles Leben und traut sich auch nicht, diese Einschränkungen zu überwinden. Dies äußert sich sowohl durch Ängstlichkeit als auch durch Lust- und Mutlosigkeit, Rechthaberei, Spießigkeit und anderen Verhaltensweisen. Diese Schranken im Selbstkonstrukt schaffen einen Wall zwischen unserem Ur-selbst und unserem künstlich konstruierten Selbstbild. Man bezeichnet ihn auch als Terrorbarriere, weil es herausfordernd ist, ihn zu überwinden. In der Regel ist dieser Wall bereits in der mittleren Kindheit im Selbstkonstrukt vorhanden.

Die ersten sechs Lebensjahre sind für die Ausformung des Selbstkonzepts entscheidend. Es ist entscheidend, wie ein Menschenkind sich erfährt, in welchem Milieu es aufwächst, welche Vorbilder es hat und wie es für und über sich etwas lernt. Das Was ist zunächst sekundär. Ein Kind lernt, mit sich umzugehen und sich und seine Befindlichkeiten zu achten, wenn es erfährt, wie sich etwas anfühlt, wie etwas wirkt und wie die Menschen in seinem Umfeld damit umgehen. Zeigt man einem kleinen Kind aufrichtig und ohne Tadel, wie es sich in der Welt bewegt, wie es geht, wie es hüpft, wie es springt, wie es sitzt, wie es steht, und zeigt ihm, wie es etwas bewältigen kann, das schwierig zu sein scheint, wird es sich in seinem ureigensten Tempo freudig und ungebremst entwickeln, weil es sich gesehen fühlt. Und indem es erfährt und spürt, lernt es zu empfinden und weiterzukommen. Indem es geliebt wird, lernt es, zu lieben. Es freut sich und lacht, weil die Menschen um es herum sich freuen und lachen. Es lernt zu vertrauen, indem es in Vertrauen aufwächst und vertrauensvoll bestärkt wird. Indem es Halt und Sicherheit erfährt, wird ein Kind selbstsicher, entwickelt Fähigkeiten und wird dabei immer geschickter und erfahrener. Das klingt in dieser Kürze zusammengefasst einfach, ist es aber keineswegs. Denn die Erwachsenen und Erzieher bringen Vorbelastungen und Vorbehalte mit, die sich durch ganze Generationen ziehen können, fühlen sich durch die Andersartigkeit des kindlichen Seins häufig überfordert oder haben keine Ahnung, was ein Kind gerade wirklich braucht. Viele Mütter sind heutzutage mehr mit ihrem Smartphone beschäftigt als mit ihrem Kind. Dazuhin werden Befürchtungen, Misstrauen, Unbehagen usw. usf. der Erwachsenen unbewusst auf das Kind übertragen.

Kinder sind dem ausgesetzt. Und offen und durchlässig, wie sie sind, saugen sie es in sich auf. Sie sind mit diesen Dynamiken eins, selbst wenn sie schädlich sind. Denn als Kinder sind wir Teil des Familiensystems, des Milieus, des Schulsystems, die wir ganz selbstverständlich hinnehmen. Die Fähigkeit, Dinge zu hinterfragen und ihre Wirkung auf uns zu verstehen, entwickelt sich, wenn überhaupt, erst später. Die Entwicklung eines Kindes erfolgt außerdem rasant und sprunghaft, wodurch viele Betreuer an ihre Grenzen stoßen. Läuft es günstig, wachsen Erwachsene und Kind(er) an- und miteinander und die negativen Einflüsse reduzieren sich auf ein Minimum.

Auch auf der Schule, den Lehrern und damit auch auf den Schulkindern lastet seitens der Gesellschaft hoher Druck. Dabei erfolgt die Weichenstellung deutlich früher, obwohl sich drastische Ereignisse auch in späteren Lebensjahren auf das Selbstkonstrukt auswirken können.

Die Ausformung des Selbstkonzepts basiert auf Veranlagung und Vererbung, aber auch Vorbilder, Sozialisationsprozesse, kulturelle Gegebenheiten spielen mit hinein. Das macht Sinn. Denn die kontextuellen Anforderungen, in die ein Mensch hineingeboren wird, variieren. Unser Kontext wird sowohl durch die Familie, in der wir aufwachsen, mitbestimmt als auch durch das Umfeld, das uns umgibt, die Erfahrungen, die wir machen, das Zeitalter, dem wir angehören, die Herausforderungen, denen wir uns ausgesetzt sehen, und vieles mehr. Von Generation zu Generation finden ebenfalls Veränderungen statt. Dies alles summiert sich, entfaltet sich und führt zu unserer Identität. Würde sich ein Selbstkonzept einzig und allein aus familiär Vererbtem und Veranlagtem bilden, wäre es weitaus weniger flexibel. Anpassungsfähigkeit ist jedoch ein Schlüssel, der unser Überleben unter veränderten Bedingungen sichert. Uns damit auszustatten, ist und war ein überaus kluger Schachzug der Evolution/Schöpfung und wird womöglich der bestimmende Faktor für das menschliche Überleben auf diesem Globus sein.

Abwertende Ausprägungen innerhalb des Selbstkonzepts in den entscheidenden Jahren führen in ein Labyrinth aus Selbstabwertung, Scham, Schuld und Mangelgefühlen. Unsere Identität funktioniert in der Folge wie eine sich selbst erfüllende Prophezeiung, die uns das Leben schwer, ja, unter ungünstigen Umständen sogar zur Hölle machen kann. Sowohl die Kirchen als auch Therapeuten und die spirituelle Szene wissen um diese Thematik und nutzen sie, manchmal als Hilfe zur Selbsthilfe, häufig aber auch aus Eigennutz. Ob Beichte, Coachings, Therapie oder Seelsorge – es geht im weitesten Sinne, um Rückorientierung, die Integration verlorengegangener Gefühle, um Liebe und Vergebung und um Neuordnung. Jedenfalls sollte das der Zweck der Übung sein. Verschanzen sich niedere Absichten hinter diesen Angeboten, können jedoch neue Abhängigkeiten und noch tiefere Verwicklungen entstehen. Dabei benutzt der Sparringpartner die tiefsten Sehnsüchte und Wünsche oder die latenten Ängste von Menschen, um das Angst- und Schuldsystem subtil am Laufen zu halten, anstatt zusammen mit dem Coachee realistisch die nächsten Schritte anzugehen und zu planen. Das ist eine Form von Manipulation bis hin zu verdecktem Missbrauch, wodurch das Selbstkonzept noch instabiler werden kann. Bewusstseinsentwicklung, oft auch spirituelles Erwachen genannt, ist zu einem eigenständigen Geschäftsmodell geworden, das sich ständig erweitert. Und es tummeln sich neben den großen Könnern durchaus schwarze Schafe in dieser Branche.

In der ganzheitlichen Verbindung, Körper, Seele und Geist, erfolgt der Aufbau von Selbstvertrauen und Selbstsicherheit innerhalb des Selbstkonzepts stets wechselseitig. Die Übergänge zwischen dem physischen, dem emotionalen und dem energetischen Körper sind durchlässig, fließend und nicht richtungsgebunden. Man könnte also sagen, dass Identität – mag sie auch noch so stark und scheinbar verfestigt sein – stets in sich beweglich ist. Sie ist letztlich nie starr, es sei denn, wir lassen sie erstarren. Das droht immer dann, wenn wir ängstlich am Alten und Bekannten festhalten und uns dadurch unserer Weiterentwicklung widersetzen oder wenn wir aus kommerziellen Gründen in einem System festgehalten werden, das uns vereinnahmt, statt zu weiten. Das, was für Kinder gilt, ist in gewisser Weise auf uns Erwachsene übertragbar. Jedes unserer Moleküle bewegt sich. Auch wir können uns innerhalb des Selbstkonstrukts bewegen und durch Verhaltensänderungen herbeiführen. Wir können uns sozusagen neu verkörpern. Unsere Zellen machen es uns vor: Das, was wir gestern waren, hat sich heute eh schon wieder in Wohlgefallen aufgelöst – Millionen von Stoffwechselvorgängen in unserem Inneren und auf unserer Haut sorgen dafür, auch wenn wir uns diese Tatsache selten bewusst machen. Ein weniger günstiges Selbstkonzept ist also kein unabänderliches Schicksal, sondern eine Art Herausforderung, der wir uns stellen können.

Das Selbstwert-Labyrinth so gut wie möglich zu durchdringen, ist also ein wirkungsvoller Ansatz, um mehr Klarheit über sich selbst zu gewinnen. Die vielen Dienstleister auf dem Markt belegen, welchen Stellenwert das Thema in unserer Gesellschaft bereits einnimmt. Durch die Bereitschaft zur Veränderung sollten allerdings keine neuen

Abhängigkeiten entstehen, sondern echter Fortschritt. Zielführend ist nur das, was letztlich zum
Ziel führt. Alles andere ist Bluff.

Die wesentlichen Voraussetzungen für Eigen-
ermächtigung sind Einsicht, Selbsterkenntnis und
Integration. Erfolgreiche Ermächtigung äußert sich
in veränderten Handlungen und Verhaltensweisen
und einem wahrhaft veränderten Status quo. Man
erkennt ihn an neuen Mitspielern, neuen Resulta-
ten und veränderten Reaktionen in unserem Radius
und in unseren Räumen. Gibt es sie nicht, hat sich
auch nicht wirklich etwas verändert.

Viele von uns tragen den Stempel »ungenügend«
bereits in sich, lange bevor sie sich die erste schlechte Note in der Schule einhandelten. Unmerklich
wurde er uns in der sehr sensiblen Lebensphase, in
der unser Werden seinen Ausgang nahm und sich
unser Selbstkonzept ausbildete, wie ein Kainsmal
aufgedrückt. Wir sind durchlässig, anpassungsfähig
und weich, wenn wir hier auf Erden ankommen.
Wir sind offen für alles, müssen es sein, um uns zu
entwickeln. Das macht es Bewertungen und Maß-
regelungen von außen leicht, in uns ein- und zu uns
vorzudringen. Wird über einen Menschen, bevor er
sich das überhaupt bewusst machen kann, ein Urteil
verhängt oder erfährt er Abwertung, gleicht das
einem Damoklesschwert, das von nun an über ihm
schwebt und ständig Angst, Selbstabwertung und

Verunsicherung erzeugt. Dieses Damoklesschwert hemmt nicht nur die natürliche Lebensfreude, sie schmälert auch die Entfaltung und verhindert den vollständigen Zugang zum eigenen, wahren Selbst. Wir fühlen uns von der eigenen Mutter und von uns selbst abgetrennt. Um das aushalten zu können, kompensieren wir. Wir schaffen eine Identität, die aus Kompensationsverhaltensmustern besteht, statt unser wahres Ich wiederzugeben. Erfährt ein Mensch beim Heranwachsen gar keine oder kaum Grenzen, droht wegen fehlender Orientierungslosigkeit und Sicherheit ebenfalls Gefahr. Die scheinbare Freiheit, alles tun und lassen zu können, führt letztlich zu Desorientierung, wodurch sich viele Menschen im Nichts verlieren, oft keinerlei Werte mehr anerkennen und häufig auch nicht belastbar sind. Für ein Selbst, das im Werden begriffen ist, bietet ein abgesteckter Rahmen, der sich parallel zu den Phasen der Entwicklung erweitert, die nötige Sicherheit, in der es sich zurechtfinden und Leben lernen kann. Innerhalb dieses Rahmens sollte ein Menschenkind jedoch möglichst frei und liebevoll aufwachsen dürfen.

Ist dieses Ungenügend, von dem hier die Rede ist, unbedeutend ausgeprägt, ergeben sich keine zu großen Probleme daraus. Wir fühlen uns dann zufrieden, leben ein relativ erfülltes Leben, sind mit uns und den Umständen weitgehend im Reinen und blicken unserem Ende gefasst entgegen. Der Mangel in uns kann aber auch ein so gravierender Umstand sein, dass er unser Leben maßgeblich beeinflusst. Wir fühlen uns dann unerfüllt oder sogar unglücklich, unser Selbstwert ist niedrig. Tun wir nichts dafür, dass sich das ändert, wird es mit den Jahren schlimmer statt besser. Weil Teile von uns nicht gelebt werden, plagen uns Aggressionen, Depressionen und Todesangst, und dem haben wir nichts entgegenzusetzen. Mangelgefühle und Abwertungsgedanken können außerdem zu Rechthaberei, Hasstiraden und einer Abwärtsspirale führen, ohne dass diejenigen, die es betrifft, sich über diesen Zustand, den ich als Mangel-Haft bezeichne, wirklich im Klaren sind. Es besteht dann eine gewisse Ohnmacht diesem Zustand gegenüber und dadurch werden wir immer aggressiver oder depressiver. Durch die gestauten Emotionen sehen wir uns als Opfer oder werden zu Tätern. Mangel-Haft kann sich durch Niedertracht, einen Hang zur Selbstzerstörung, Angriffslust, nagende Unzufriedenheit oder durch unstillbare Sehnsucht äußern oder hinter perfider Perfektion verbergen.

Unsere Welt mit all ihren Auswüchsen, Bedrohungen, Schattenseiten und Zerstörungen ist Ausdruck einer Welt, die von Menschen bevölkert ist, die sich und ihr Menschsein abwerten und im Mangel leben, auch wenn sie das niemals zugeben würden oder es häufig mit Arbeitswut, maßloser Selbstüberschätzung oder sonst irgendetwas kaschieren. Sogar Menschen, die überhaupt nicht den Anschein erwecken, halten Bereiche unter Verschluss, in denen dieses Ungenügend wütet. Das Ungenügend, von dem hier die Rede ist, verbirgt sich hinter Schönheitswahn genauso wie hinter Fettsucht, hinter irrsinnigem Erfolg ebenso wie hinter totalem Versagen. Es verbirgt sich hinter Gier aller Art, Kritiksucht, Machthunger, sowie hinter Armut, Ohnmacht und Verklemmtheit, hinter der Ablehnung von Sexualität ebenso wie hinter Sexsucht.

Hätten wir die Empfindung von »genug«, wären wir uns unseres wahren Wertes wirklich bewusst, sähe die Welt heute vollkommen anders aus, denn uns wäre klar, welches Paradies uns geschenkt wurde und was das Leben als eigentliche Aufgabe für uns beinhaltet. Doch das Ungenügend und der Mangel sind tief im bestehenden System fixiert, an dem wir mehr oder weniger alle beteiligt sind. Die gierige Ausbeutung, durch die sich das Hamsterrad der Zeit immer rascher dreht, der Kampf um immer besser, höher, idealer, schneller ist Ausdruck einer menschlichen Gemeinschaft, die mit unstillbarem Hunger und Vernichtung beschäftigt ist und dadurch auf den Abgrund zueilt, anstatt die Heiligkeit und das Wunder des Lebens zu würdigen. Die Welt als Ganzes sitzt in der Mangel-Haft und die Auswüchse, die sich daraus ergeben, werden immer grotesker. Scheinbar verspricht uns die imaginäre Glasglocke, die über diesem weltweiten Ungenügend hängt, einen blauen Himmel. Doch es ist ein künstlicher Himmel, weit entfernt vom wahren Klang des Lebens. Die Teilhabe an dieser Massennegativität ist bedrohlich und fundamental in einem. Sowohl ihr Ausmaß als auch ihre Auswirkungen sind immens. Um ihr auf den Leib zu rücken, sind wir alle gefordert, jeder Einzelne. Denn jeder Mensch hält eine Verantwortung für sich selbst inne, und jeder Mensch hat es verdient, einen Ausgang aus dem Labyrinth der Mangel-Haft zu finden. Wenn uns eines nicht genügen darf, dann in diesem Ungenügend zu verharren wie ein Wurm, der in seinem Erdloch verkümmert oder wie ein Ungeheuer, das Feuer und Gift speit, bis alles unter ihm verbrannt und vernichtet ist. Die Menschheit befindet sich an einem entscheidenden Wendepunkt. Solange es uns der kleinste Rest unserer gesunden Ressourcen erlaubt, müssen wir uns um ein Entkommen aus dieser negativen Spirale bemühen.

Kaum jemand bleibt gänzlich von Erfahrungen und Übertragungen von Mangel und nicht gut genug zu sein verschont. Es sei denn, er wurde mit einem Glücksgen an einem überaus glückseligen Ort geboren und war nur von positiven Menschen umgeben. Die Welt, wie wir sie kennen, bewertet, verurteilt, bestraft, verdammt und verpasst uns früh einen Stempel. Oder sie hebt hervor, legt fest und überwertet, was ebenso fatal ist. So wird von frühester Kindheit ein Teufelskreis in Gang gesetzt, dem wir nicht entrinnen können und den wir häufig verinnerlichen. Und dieser Teufelskreis hat seit Jahrtausenden Methode, doch dazu kommen wir später.

Selbstentwicklung und das daraus resultierende Selbstkonzept* sind und waren Gegenstand zahlreicher wissenschaftlicher Untersuchungen, auf die hier nicht näher eingegangen werden soll. Aus meiner Sicht ist es wichtig zu verstehen, dass Verkörperung maßgeblich für die Selbstentwicklung ist. Jede Art von Entwicklung, Transformation und Wachstum ist unweigerlich an den Körper gebunden. Professor Hans Immler hat das in einem großartigen Satz zum Ausdruck gebracht: »Wir haben keinen Körper, wir sind unser Körper.« Über Körperlichkeit (er)wächst unser Selbstvertrauen in der Kindheit. Im Seelisch-Geistigen setzt sich dieses Selbstvertrauen fort. Damit bleibt uns zeitlebens die Möglichkeit, das Vertrauen in uns selbst und unser Leben zu stärken, wenn auch manchmal unter erschwerten Voraussetzungen. Das Vertrauen in sich selbst als Ergebnis eines einigermaßen stabilen Selbstkonzepts ist und bleibt die Grundlage für ein eigenverantwortliches, konstruktives und kreatives Leben. Und dafür ist es nie zu spät. Denn auch eine durch Bewertungen, Urteile und Strafen geschwächte Identität, deren Ausbildung eines gesunden Selbstwerts gestört wurde, kann in die Achtung, Liebe und Wertschätzung für sich selbst hineinwachsen.

*Selbstkonzept gilt in verschiedenen Wissenschaften zwischenzeitlich als bevorzugte Begriffsalternative für das, was wir auch als Identität bezeichnen. Ich schließe mich dieser Bevorzugung an, da der Begriff Selbstkonzept weitaus umfassendere, beweglichere und veränderbarere Assoziationen auslöst als Identität. Jemanden zu identifizieren, heißt eben auch, ihn festzulegen. Das Wechseln einer Identität hat neben dem Mysteriösen immer auch etwas Statuiertes und Fixiertes an sich. Tatsächlich aber ist alles an uns selbst im Angesicht der Vorgaben, auf die wir treffen, Konzept, Wechsel, Bewegung, Werden und Vergehen, auch wenn wir uns das oft nicht zugestehen oder dabei nicht mitmachen wollen, weil wir an einer Sicherheit kleben, die es in Wirklichkeit nie gab und geben wird. Dass das Selbstkonzept wiederum aus verschiedenen Konzepten besteht, physisch, emotional, sozial, individuell und, wie Shavelson, Hubner & Stanton nahelegen, ebenfalls »multidimensional und hierarchisch« ist und so diskutiert wird, zeigt die Komplexität und eigentliche Realität des Begriffs und unseres Seins, das sich dahinter verbirgt. Wir wirken und es wirkt auf uns – vice versa. Selbstwertgefühl und Vertrauen sind dabei flüssige Basisgrößen unseres in sich beweglichen Konzepts.

Es existiert eine unsichtbare Realität, die Gläubige
Gott nennen. Sie möchte durch uns wirken und ihre
Vollkommenheit mit uns teilen. Unsere Aufgabe ist es, sich
von dieser allgegenwärtigen und omnipotenten Verbindung
durchdringen zu lassen.

03 | DIE ZEICHEN DER ZEIT

Ob persönliche oder spirituelle Entwicklung – der Bewusstseins- und Coachingmarkt boomt. Dem eigenen Selbst auf die Pelle zu rücken, Selbstannahme, Selbstliebe, Selbstbewusstsein, Selbstbehauptung, Selbstsicherheit, Selbstvertrauen, Eigenverantwortung sind schon fast ein Muss geworden.

So positiv die Instruktionen, Kicks und Übungen sein können, ist es doch äußerst ratsam, zuvor seine eigene Ausrichtung zu kennen und jedes Angebot, in das wir uns einkaufen, mit einem eigenen konkreten Ziel zu verbinden. Sonst besteht das Risiko, dass die Offerten zum reinen Selbstzweck verkommen, ohne dass sich in uns wirklich etwas verändert. Ja, es droht sogar die Gefahr von Abhängigkeiten oder Schadeinwirkungen. Das Training innerhalb eines geschützten Systems kann zu einer solchen Abhängigkeit führen, dass schließlich nichts mehr ohne den Coach oder Mentor geht oder wir sogar sehr bewusst in eine bestimmte Richtung gelenkt werden, die höchst einseitig sein kann. Angebote dieser Art gibt es ja nicht erst seit gestern. Schon Anfang der 1920er Jahre gab es dahingehend sehr erfolgreiche Ansätze. Wer sich zu lange im Dunstfeld der New-Age-Bewegung aufhält, wird auf eine ganz bestimmte Weise beeinflusst, nicht zwangsläufig negativ, aber in jedem Fall ist es eine Beeinflussung. Und wer geldgierigen Coaches, spirituellen Egomanen oder religiösen Fundamentalisten anhängt oder womöglich sogar in Abhängigkeit von ihnen gerät, ist im höchsten Maße gefährdet, selbst wenn es zunächst nicht den Anschein hat, weil es einem ein gewisses Wohlgefühl vermittelt. Zweifellos gibt es menschlich überragende Geistliche und Weisheitslehrer, hervorragende Coaches und Therapeuten, motivierende Trainer und inspirierende Autoren. Ihr Rat ist Gold wert und ihr Anstoß wichtig, aber wir tun gut daran, jeden Daueraufenthalt zu vermeiden und immer alles im Hinblick auf die eigene Person, die eigene Motivation, das eigene Ziel und das größere Ganze, in das wir eingebettet sind, zu hinterfragen. Sonst kann es leicht passieren, dass der Gewinn einseitig ist und nur denen dient, die damit uferlos Geld generieren oder Macht ausüben wollen und wir uns mit der Zeit immer leerer fühlen. Es darf und kann nicht Sinn und Zweck der Sache sein, den Coach oder die spirituelle Lehrerin zu einem Dauerverhältnis zu machen.

Für das Hängenbleiben gibt es zwei Hauptgründe. Die Unternehmung vermittelt einem das Gefühl, dass es möglich ist, als sogenannter »Schöpfer« über den Dingen zu stehen und die Ereignisse beeinflussen zu können oder sie beschwichtigt eine latente Angst, der wir uns nicht aussetzen wollen. Stattdessen widmen wir uns lieber immer weiter der geschützten Selbsterforschung, statt uns der Realität des Lebens zu stellen. Kurzfristige Inspirationen, die keine echte Wirkung entfalten, sind nutzlos, so schön sie auch sein mögen. Was nicht in das Erleben und in die Realität des eigenen Lebens gebracht wird, ist keine Weiterentwicklung, sondern nur kostspielige mentale Tünche oder affektiver Effekt, also Zeitverschwendung und das auf einem Spielfeld, das sich beständig immer weiter ausdehnt. So gerät Anleitung zur persönlichen Entwicklung, die durchaus ihren Sinn hat, ins Zwielicht. So verlieren Menschen, Einrichtungen und Institutionen an Glaubwürdigkeit. Die Spreu vom Weizen zu trennen, ist deshalb wichtig. Für das eigene Weiterkommen kann es durchaus entscheidend sein, aufs richtige Pferd zu setzen. Die vielen Ausdrucksformen und Gesichter, mit denen gearbeitet und angetreten wird, machen es allerdings selbst für erfahrene Menschen mit gutem Unterscheidungsvermögen schwer, die schwarzen von den weißen Schafen zu trennen. Auch umgekehrt gibt es Probleme. Da heutzutage oft wahllos geshoppt und reklamiert wird, bleiben viele Coaches auf offenen Rechnungen sitzen oder erzielen bei ihren Coachees nicht die angesteuerten Resultate.

Wir leben in einer Zeit starker Gegensätze. Das zeichnet sich nicht nur im weltpolitischen Geschehen, im Zusammenprall von Kulturen und in krassen sozialen Unterschieden ab, sondern auch in einer einerseits überbordenden andererseits zugleich ausklingenden Rationalität. Parallel dazu klinken sich Aberglaube, Esoterik und Verschwörungstheorien stärker denn je ein. Die Offerten und Mitwirkenden in diesen Bereichen sind zwischenzeitlich ausufernd und stetig kommen neue hinzu. Verbindende Elemente und Institutionen, die das lange regulierten, verlieren mehr und mehr an Bedeutung oder fallen fundamentalistischen Tendenzen anheim, ohne dies auffangen oder neutralisieren zu können. Eine knallharte Rationalität steht heute einer ständig anwachsenden Irrationalität gegenüber. Gleichzeitig fehlt uns ein Wertesystem, auf dem die globalisierte und polarisierte Weltgemeinde neuen Halt finden und fußen könnte. Wir haben ja nicht einmal ein sinngebendes Wertesystem für unseren eigenen Zusammenhalt und gleichzeitig wird vieles immer beliebiger. Die Frage, wie die Weltgesellschaft zusammenfinden und die Herausforderungen bewältigen soll, die auf sie zurasen, stellt sich drängender denn je. Die spirituellen Ideologien, die teilweise eine stark egomanische Ausrichtung aufweisen, liefern die Antwort jedenfalls nicht, sonst würden sie längst fruchten. Wir befinden uns in einem nie dagewesenen Umwälzungsprozess. Solange aber sogar der einzelne Mensch Schwierigkeiten hat, sich ganzheitlich zu fühlen und zu leben, bleibt die Hoffnung auf eine Lösung reine Utopie. Denn alles beginnt in und mit uns selbst, kann jedoch nur eingebettet in einen größeren Zusammenhang verstanden werden.

Die westlichen Gesellschaften verzeichnen seit Jahren einen sprunghaften Anstieg der psychischen Erkrankungen. Schon heute sieht die WHO psychische Erkrankungen als eine der großen globalen Krankheitslasten an und für die Zukunft sogar als die größte globale Bürde überhaupt. Dies belegt, wie weit wir uns von uns selbst entfernt haben, wie brüchig das Selbstkonzept in einer sich rasant verändernden Welt geworden ist, obwohl im Gegenzug so viele Anstrengungen getätigt werden wie noch nie, um Abhilfe zu schaffen. Die Gründe für diese Entwicklung sind vielfältig. Tatsache jedoch ist, dass wir ganzheitlich leben und gesund sein wollen und doch immer stärker von Einseitigkeit bedroht sind. Unter Ganzheit ist die größtmögliche Einheit eines Menschen von Körper, Geist und Seele zu verstehen. Die Übereinstimmung von Körper, Geist und Seele bildet nicht nur die Basis für ein gesundes

Selbstkonzept, sondern ist überaus wichtig für unsere Entfaltung und für eine stabile Psyche. Jegliche menschliche Weiterentwicklung kann nur über Schritte und Konzepte erreicht werden, bei denen die Einheit von Körper, Geist und Gefühl berücksichtigt wird. Ganzheit bedeutet, dass Trennung aufgehoben ist und Verbindung mit uns selbst und anderen wirkt, ohne dass wir dabei den Kopf verlieren, das Herz vergessen oder den Bauch zum Schweigen bringen müssen. Stattdessen kooperieren sie sowohl miteinander als auch mit dem Außen und integrieren das Sichtbare ebenso wie das Unsichtbare, verbinden, statt zu trennen. Das ergibt Sinn. Nur wenn wir uns als Ganzes begreifen, können wir unser Verhalten nachhaltig verändern, unser Selbstkonzept beschwingen, uns weiterentwickeln und damit auf eine höhere Stufe unseres Seins gelangen. Je höher die Kohärenz zwischen Herz, Hirn und Bauch ist, desto harmonischer, resilienter und stabiler sind wir. Die schlechte Nachricht ist: Bei einem lädierten Selbstkonzept kann es sehr mühsam sein, diese Kohärenz herzustellen. Die gute Nachricht lautet: Es ist möglich. Es ist nie zu spät, obwohl wir früh Identitäten und daraus resultierende Muster ausprägen. Das Selbstkonzept eines Menschen ist trotz aller Konditionierungen und aller Rückschlüsse, die wir aus vorangegangenen Entwicklungen und leidvollen Erfahrungen ziehen und trotz aller Rückschläge, die uns ereilen, ein in sich bewegliches Konzept, das ein ganzes Leben lang Veränderungen unterworfen ist und sie auch mitmachen und mittragen kann. So genial sind wir Menschen konzipiert. Auch wenn in der Selbstkonzeptforschung die Meinungen weit auseinander gehen und verschiedene Modelle entwickelt wurden – ich stehe mit meiner Entwicklung, die bis heute nicht abgeschlossen ist, für eine flüssige Identität trotz aller Traumata, die mir widerfuhren. Selbstvertrauen wurde mir nicht in die Wiege gelegt. Im Gegenteil – die meiste Zeit meines Lebens neigte ich wegen meiner frühkindlichen Erfahrungen zu einer massiven Abwertung meiner selbst. Ich musste den verschütteten Zugang zum Selbst erst wiederfinden und aus dem Unbewussten heraustreten, was bei mir sehr spät geschah. Und noch immer arbeite ich daran, Vertrauen in mich selbst zu entwickeln, meinen Selbstwert zu heilen und Sicherheit in mir selbst zu finden. Das hat auch sein Gutes, denn dadurch habe ich begriffen, dass niemand perfekt ist und dass jeder Mensch unterwegs zu sich selbst ist, ganz gleich, wo er steht. Und durch meinen langen und behutsamen Prozess ist mir die Gefahr der unkontrollierten Abhängigkeiten bewusst. Bewusstseinsentwicklung ist kein Hexenwerk, auch wenn uns das oft von den sogenannten »Lichtbringern« weiszumachen versucht wird. Sobald wir unsere Wahrnehmung schärfern, zu mehr Verständnis gelangen und unsere Perspektive verändern, erweitern wir unser Bewusstsein. Das Erlernen neuer Informationen oder das Entwickeln von Empathie zählen ebenso dazu wie das Entdecken neuer Ideen und Konzepte und die stetige Verbesserung der Kommunikation. Die Wirkung ist wechselseitig. Erweitern wir uns, werden wir offener für verschiedene Sichtweisen und Erfahrungen, was wiederum zu persönlichem Wachstum und einer tieferen Verbindung zu anderen Menschen führt. Es ist ein Prozess, der sowohl intellektuelle als auch emotionale Aspekte umfasst und durch Bildung, Reisen, Gespräche oder auch Meditation gefördert wird.

Eine Voraussetzung dafür ist Vertrauen. Vertrauen ist für uns alle ein lebenslanges Thema. Denn Vertrauen ist das in seiner letzten Konsequenz unergründliche und unermessliche Fundament unserer flüssigen Identität. Ohne Vertrauen können wir nicht leben, ohne Vertrauen setzen wir uns nicht in Bewegung. Sicher in sich selbst zu sein und dem Leben zu vertrauen, ist keineswegs selbstverständlich in einer sich ständig wandelnden Welt, vor allem dann nicht, wenn das Fundament unseres Selbstkonstrukts nicht von Vertrauen durchtränkt ist.

Wir alle wurden versklavt. Gleichzeitig haben wir uns auch versklaven lassen. Versklavung setzt nämlich stets unsere Einwilligung voraus. Der

Teufel – denn es ist das Teuflische, das uns versklavt – verwendet dazu das raffinierteste Mittel,
das er finden konnte: uns selbst. Indem wir uns
selbst im Wege stehen und uns auf vielfältigste Art
und Weise boykottieren, stören wir die Einheit, die
wir sind, halten uns in der Mangel-Haft und geben
uns selbst das Gefühl, ungenügend, schuldig oder
nicht wirklich würdig zu sein. Manchmal merken
wir das nicht einmal, sondern projizieren Gefühle
und Gedanken dieser Art auf andere und werten
sie dadurch ab. Projektion ist eine subtile Form der
Niedertracht. Und Niedertracht gipfelt häufig in
Egomanie. Die Welt ist voll von Egomanen. Egomanie vermag sehr normal und gewinnend ja, sogar
charmant daherkommen. Doch hinter dieser Maske ist sie nichts als niederträchtig. Würden wir die
Fratze der Egomanie auf Anhieb erkennen, wären
wir zu Tode erschrocken. Irgendwann geschieht das
auch. Denn das Teuflische kann sein Antlitz nicht
dauerhaft verbergen. Alles kommt schließlich ans
Licht. Für einen gewissen Zeitraum gelingt es den
Fratzenträgern jedoch immer wieder, die Fratze
unter einer Maske der Normalität, der scheinbaren
Plausibilität oder auch der vorgeschobenen Reli-
giosität zu verbergen. Es ist wichtig, sich dies klarzumachen. Denn auf die Spitze getrieben, könnte
so etwas das Ende bedeuten. Es sei denn, wir stop-
pen diesen Wahnsinn und wachen als Menschheit

endlich auf. Von dem Moment an, wo wir die Einwilligung zur Versklavung bewusst verweigern und einen anderen Pfad einschlagen, lösen wir uns daraus. Die Aufwachphase ist bereits eingeläutet, denn Schöpfer und Schöpfung lassen sich nicht täuschen. Doch sie wird von heftigen Erschütterungen begleitet. Die Welt steht Kopf. Das Böse kämpft um sein Überleben – in jedem einzelnen Menschen und im größeren Ganzen unserer Weltgeschichte. Es scheint wie ein Wettlauf.

*Das Bewusstsein ist wie ein weites Meer aus unzähligen
Seen, die in- und auseinanderfließen und in denen sich
unsere Wirklichkeit spiegelt. Die meisten von uns wagen
die Ufer ihrer Seenlandschaft nicht zu überschreiten. Der
imaginäre Wächter, der dort steht, wird als alarmierend
echt empfunden. Das hält uns ab. Angst ist ein Türwächter
mit vielen Gesichtern. Doch jenseits unserer Angst liegt der
größte Schatz, den wir jemals heben können.*

04 | DER ZUGANG ZUM SELBST
UND WARUM ES SO WICHTIG IST,
IHN ZU FINDEN

Die meisten Menschen leben ein Leben, das nicht
ihrer tiefsten inneren Wahrheit entspricht. Auch
mir ging das lange so, teilweise gilt das sogar immer
noch. Fragt man Menschen nach dem Zugang zu
ihrem Selbst, erhält man die erstaunlichsten Antworten. Fragt man sie, was sie unter diesem Zugang verstehen, wird es noch diffuser. Ich begreife
das Selbst als ein Drittes, welches das eigene Ich,
Gedanken, Gefühle und Verhaltensweisen fühlend
und reflektierend zu beobachten vermag. Es bildet
sozusagen den Zugang zu dem, was uns ausmacht,
aber ist mehr als das, denn das, was uns ausmacht,
wirkt auf dieses Dritte wiederum zurück usw. usf.
Das Selbst ist in diesem Sinne eine Art Zeuge und

zugleich das Zeugnis, das uns bezeugt. Ich weiß, dass es zunehmend mehr Menschen gibt, die sich dessen bewusst sind und über die Fähigkeit verfügen, Zeugenbewusstsein anzuwenden, um bessere Ergebnisse zu erzielen und ein glücklicheres Leben zu führen. Menschen, die spirituelle Schulen oder Coachings durchlaufen haben, würden womöglich noch hinzufügen wollen, dass das Selbst sich selbst und alles, was ist, nicht nur beobachtet, sondern erdenkt und beabsichtigt, sozusagen selbst erschafft wie eine Art Klon. Ich teile diese Überzeugung nicht. Ich ordne sie eher einer Überidentifikation mit dem spirituellen Ego zu, das sich am Rande des Größenwahns bewegt. Der Zugang zum Selbst ist jedoch etwas Reales und sehr, sehr bedeutend für die menschliche Entwicklung. Ohne diesen Zugang sind wir Roboter, führen ein automatisiertes Leben und sind von unserer wahren Lebenskraft abgeschnitten.

Ich war fast vierzig, als ich von einer alten Freundin aufgefordert wurde, an einem Seminar teilzunehmen. Sie legte es mir sehr ans Herz, da ein amerikanischer Chiropraktiker anwesend sein würde, den sie für begnadet hielt und mit dem sie als Kunsttherapeutin kooperierte. Ich war weder begeistert noch ablehnend, verspürte jedoch wenig Lust, da das Malen noch nie meine Stärke gewesen war und ich auch sonst keine Veranlassung sah.

Aber sie ließ nicht locker. Schließlich stimmte ich
zu. Zusammen mit neun anderen Personen malte
ich am Tag des Seminars unter Anleitung stunden-
lang und übte mich dabei in Gleichmut, wobei ein
erstaunlich schönes Bild entstand. Nach dem Malen
führte uns der Amerikaner durch eine Meditation,
an deren Ende ich in einem langen dunklen Tun-
nel landete, aus dem es mich herausdrängte. »Come
on«, sagte er, als er merkte, dass ich stecken geblie-
ben war. »Was siehst du? Was fühlst du?« Plötzlich
hatte ich das Gefühl, meine eigene Geburt zu erleben und das, was ich damit verband. Es war echt
krass. Ich konnte mir selbst zuschauen, wie ich mich
dem Geburtskanal entwand, aus dem Dunkel dem
Licht entgegen. Wieder im Hier und Jetzt angelangt, fühlte ich mich wie verwandelt. Das eigentlich Überraschende für mich war jedoch, dass ich in
den Tagen und Wochen nach diesem Erlebnis ein
tiefes Gefühl der Dankbarkeit empfand – für meine
Mutter, weil sie mich geboren hatte, und für meinen
Vater, weil er mich gezeugt hatte. Das hatte ich nie
zuvor gespürt, ganz im Gegenteil, die Beziehung zu
meinen Eltern war bis dahin eher aufreibend gewesen und von überaus negativen Emotionen geprägt.
Den Amerikaner sah ich nur ein einziges Mal wieder, als ich mich nämlich im Wohnzimmer meiner
Freundin von ihm für nicht gerade wenig Geld be-
handeln ließ. Er renkte mir alles ein und aus, was

man bloß ein- und ausrenken kann. Das hätte ich mir sparen können, denn es bescherte mir jahrelange Nackenprobleme. Seither bin ich vorsichtig, wenn es um das Thema Manipulation geht. Dennoch hat mir die Teilnahme an diesem Seminar den für mich wahrnehmbaren Kontakt zu meinem Selbst eröffnet, ohne dass ich dafür gleich eine Todeserfahrung machen oder auf die Bahamas reisen musste. Mir wurde bewusst, dass es einen Zugang gibt, von dem ich keine Ahnung gehabt hatte, dass er existiert. Der Samen war gelegt.

Als eine Frau des Wortes mit einem großen Interesse an Religion, sah ich mich in der Folge dazu veranlasst, Bibeltexte zu lesen und mich mit den führenden Weltreligionen zu befassen. Ich war nicht nur neugierig geworden, es zog mich unwiderruflich dahin. Eine andere Person hätte vermutlich etwas anderes getan. Ich wählte diese Fortsetzung. Wieso und weshalb, ist mir bis heute unerklärlich. Ich kann es mir nur mit meiner Begeisterung für Worte und mit meiner Neugier für die Wortwelten erklären. Und ich kam immens in Fahrt. Ich las und las. Auf Deutsch und auf Englisch. Ich übersetzte. Wochenlang. Ich begriff die Bibel und auch andere Religionslehren neu und wunderte mich, dass die Kirchenväter uns nie darüber aufgeklärt hatten. Sie mussten diese Texte doch in- und auswendig kennen und sie längst begriffen haben. Warum konnte

keiner die darin enthaltene Wahrheit verständlich
mitteilen? Außerdem hatten sie jahrhundertelang
darüber gebrütet und waren mit Sicherheit zu einigen Schlüssen gelangt, die es wert gewesen wären,
an die Öffentlichkeit zu gelangen.

Die Phase, in der ich Tag und Nacht las und übersetzte, flaute ab. Zurück blieb eine tiefe Dankbarkeit
für Gott und die Schöpfung, ohne dass ich mich
dabei jedoch irgendeiner Kirche oder Gemeinschaft
verpflichtet fühlte. Ganz im Gegenteil, was die Kirche betraf, fühlte ich mich freier als jemals zuvor.
Ich sah gar keinen Grund mehr, mich irgendwelchen Regeln zu unterwerfen. Ich war total beseelt.
Ein halbes Jahr verlief mein Leben ganz wunderbar. Während sich eine sehr gute Freundin gerade
von ihrem Mann trennte und bitter litt, eine andere
an Krebs erkrankte und darüber beinahe verrückt
wurde, war ich von Dankbarkeit durchtränkt und
schwebte durch die Stunden. Überall sah ich den
Himmel auf Erden. Doch nach etwa einem halben
Jahr und einigen höchst erstaunlichen Ereignissen
kroch die Angst in mir hoch. Ich bekam kalte Füße
vor dem, was sich da vor mir auftat. Es war, als ob
ich den Geistern, die ich gerufen hatte, nicht gewachsen wäre.

Der Absturz ließ nicht lange auf sich warten. Auf
den Tag genau an meinem Geburtstag konfrontierte
er mich mit seinen Auswirkungen. Mein Fall war

tief. Ein Schicksalsschlag. Ich war zutiefst getroffen und brauchte eine ganze Weile, um mich zu erholen. Das Gefühl der Dankbarkeit zerbröselte. Doch vage erinnerte ich mich an den Zustand, der dorthin geführt hatte, und auch daran, wie ausgeglichen und beschwingt er mich gemacht hatte. Obwohl ich down war, wusste etwas tief in mir drin, dass ich mehr sein konnte als diese verzweifelte Person, die sich von Tag zu Tag schleppte. Dank dieser Erinnerung keimte der Samen nach einer Weile in mir neu. Ich schloss mich einer privaten Meditationsgruppe an, die von einem Ehepaar geleitet wurde, mit dem ich seit Kurzem in Kontakt stand. Wir beteten für die Opfer von 9/11, meditierten für den Weltfrieden, besprachen unsere persönlichen Probleme und leisteten uns gegenseitig Support. Es war eine Art Selbsthilfegruppe, die kein eindeutiges Ziel verfolgte, mich jedoch für mein Befinden und meine Gefühle stärker sensibilisierte. Mein Verständnis dafür, dass wir mehr sind als das, das wir zu sein meinen, wuchs weiter. Zudem begriff ich mehr und mehr, dass die Vergangenheit mich stark im Griff hatte.

Der Begründer der Psychoanalyse, Sigmund Freud, führte den Begriff »Unterbewusstsein« ein, um sich den Schattenbereichen in uns zu nähern. Im heutigen Sprachgebrauch versteht man unter »Unterbewusstsein« etwas, das unsere Haltung, unser Verhalten und unsere Verhältnisse – spontan

oder auch anhaltend – mitbestimmt, ohne dass
wir darüber Klarheit haben. Hätten wir bis tief in
unseren Gefühlskörper hinein umfassende Klarheit
über uns, wäre eine solche Bezeichnung vollkommen überflüssig. Begriffe wie unterbewusst sind in
gewisser Weise irreführend. Nämlich immer dann,
wenn damit assoziiert wird, dass es außer Bewusstsein noch etwas anderes gibt. Grob vereinfacht
könnte man sagen, dass das menschliche Wesen
aus Bewusstsein besteht, wir aber nur teilweise davon Gebrauch machen. Ein Mensch begreift sich
als Mensch, weil er menschliches Bewusstsein hat.
Sowohl der physische Körper als auch der Emo-
tions- und Mentalkörper des Menschen entwickeln sich aus Bewusstsein und existieren im und
in Bewusstsein. Leben, so wie wir Menschen es
kennen, ist unabdingbar an Bewusstheit gebunden.
Unser Sein, das variieren kann, wie wir alle wissen,
demonstriert immer unseren aktuellen Bewusstseinszustand. Verliert – nach unserem Sprachgebrauch – jemand das Bewusstsein, betrifft das, so
gesehen, nur einen winzigen Teil des Bewusstseins,
nämlich den Mentalkörper und die Funktionen,
die mit dem Mentalkörper verbunden sind. In der
Wahrnehmung unseres heutigen Lebens mögen
wir diesen Teil vielleicht als besonders bedeutsam
ansehen, was aber keineswegs deckungsgleich mit
der Perspektive aus anderen Wahrnehmungsebenen

sein muss. Im Sinne eines allumfassenden Bewusstseins gibt es kein Unter- oder Oberbewusstsein, wie in der Psychologie häufig nahegelegt wird. Etwas, das außerhalb unserer aktuellen Wahrnehmung liegt, als unterbewusst zu bezeichnen, ist eine Wertung, da dieses Etwas in Wirklichkeit Teil unseres Bewusstseins ist, auch wenn wir das gerade nicht wahrnehmen. Die Wahrnehmung orientiert sich an Wiedererkennungsmerkmalen und sortiert dabei unablässig. Das ist sinnvoll, wie ich nachfolgend noch ausführen werde. Bewusstsein und Existenz bedingen sich. Das Zentrum allen Bewusstseins könnte auch etwas anderes sein, aber das ist zunächst einmal reine Spekulation. Bleiben wir auf dem Boden der menschlichen Tatsachen: Dass wir über den scheinbaren Rand unseres Bewusstseins und damit unserer kleinen Welt nicht hinausblicken, ist nicht Sache des Bewusstseins an sich, sondern einzig Sache unseres eingeschränkten und selektierenden Bewusstseins. Relevante menschliche Realität, wie wir sie erleben, entsteht aus einer wahrnehmenden Erinnerung und Empfindung heraus. Das bedeutet, wir nehmen nur wahr, was wir auf dem Schirm haben. Schon durch eine minimal veränderte Perspektive kann sich unsere Wahrnehmung ändern, vorausgesetzt wir sind achtsam. Doch bleiben wir in der Regel auf diese eine, uns bekannte und vertraute Ebene begrenzt, sogar wenn wir die Perspektive

wechseln, da wir alles andere ausblenden. Andere
Möglichkeiten der Wahrnehmung treten gar nicht
erst in Erscheinung, weil sie unser gewohntes Bewusstsein sprengen würden und dadurch Verwirrung auslösen könnten. Unser Bewusstsein enthält
sozusagen eingebaute Sicherheitsschalter, um uns
zu schützen. Und das ist gut so. Denn brennen diese
Sicherungen durch, kann die menschliche Psyche
total durcheinandergeraten. Und das ist selten ohne
Hilfe wieder in Ordnung zu bringen. Dennoch
gibt es einen Unterschied: Zum einen ist da unsere
Wahrnehmung, mit der wir Realität begründen, und
zum anderen gibt es die Wirklichkeitsebene, die sich
ereignet, also sichtbar wird. Darunter verstehe ich
die Ebene, die sowohl Wirklichkeit bewirkt als auch
unsere Wahrnehmung ermöglicht. Ein Teil davon,
wie beispielsweise unser Körper, befindet sich im
Sichtbaren oder doch zumindest im Beweisbaren.
Ein anderer Teil liegt im Unsichtbaren, obwohl er
unentwegt gegenwärtig ist. Letztlich existiert, vereinfacht formuliert, nur Bewusstsein im Fluss des
Bewusstseins – und das in weitaus größeren Zusam-
menhängen, als wir uns jemals vorstellen können.
Selbstverständlich existieren, vereinfacht formuliert,
in unserem menschlichen Begriffsvermögen Dinge,
die sich uns entziehen, die uns nicht klar sind – sogar was uns selbst anbelangt. Das geht jedem Menschen so. Auch mir. Wir sprechen dann davon, dass

uns das nicht bewusst ist. Doch gilt es zu verstehen, dass Bewusstsein an sich davon unberührt bleibt, sonst wäre es kein Bewusstsein. Sich unser Bewusstsein als einen großen See vorzustellen, aus dem sich die Wirklichkeit formt, so wie wir sie erleben und wahrnehmen, ist ein annähernd gutes Bild, um zu verstehen, was ich meine. Wir sehen nur die Oberfläche dieses Sees, die nur einen winzigen Bruchteil dessen spiegelt, was uns ausmacht. Manchmal sind wir so abgelenkt und automatisiert, dass wir nicht einmal die Oberfläche erkennen. Ist diese Oberfläche, wie es inmitten unserer Alltäglichkeit meist der Fall ist, dazuhin bewegt und unruhig, sinkt dieser Bruchteil noch weiter ab. Den See deshalb jedoch in Unter- und Oberbewusstsein zu unterteilen, ist wenig hilfreich. Denn unsere Wirklichkeit formt sich aus dem ganzen See, selbst wenn wir nur maximal fünf bis zehn Prozent davon wahrnehmen.

Das Erlebnis des Öffnens, von dem hier die Rede ist, schafft die Verbindung hinein in die dunkleren Bereiche des Sees und bringt so Licht an unentdeckte Stellen. Auch dann ist diese Verbindung keineswegs selbstverständlich und ständig vom Weggleiten oder Vergessen bedroht. Im Grunde ist der Zugang zum Selbst nach einer ersten Phase der Euphorie sogar selten frei von Tücken. Es gibt Temperaturschwankungen, gefährliche Strömungen und Untiefen. Durch beharrliches Erinnern

oder beständiges Üben, ob in Form von kleinen
Ritualen oder Entspannungstraining, weitet sich
der Raum schließlich nach und nach, wird zugäng-
licher. Der Zugang zum Selbst wird selbstverständ-
licher, ist wie ein Schlüssel zu einem Tor, das den
Pfad zu einer weiten Reise durch das Wasser des
Lebens freigibt. Diese Reise durch die unbekannten Tiefen kann von Rückschlägen, Tiefschlägen,
Schwierigkeiten und unheimlichen Begegnungen
gekennzeichnet sein. Die Furcht, zu ertrinken, ist
dennoch unbegründet, denn wir sind der See, in den
wir da hinabtauchen. Das Durchhalten lohnt sich,
weil es Erfüllung und Zufriedenheit nach sich zieht
und weil sich unser Horizont weitet und wir unserer
eigenen Seelenwahrheit näher rücken.

Dieser Zugang ist also nicht nur ein rein theo-
retisches Konstrukt oder der Appell einer Weltver-
besserin, er existiert. Und wir gelangen durch ihn
tatsächlich näher zu uns selbst. Indem wir näher zu
uns selbst gelangen, können sich uns mehr Möglichkeiten, mehr Freude, mehr Erfolg, mehr Erfüllung eröffnen, das muss aber nicht zwangsläufig so
sein. Ich vermeide bewusst das Wort Glück. Es geht
um Ganzheit und wie man sich ihr annähert, ohne
in den Abgrund einer missverstandenen Spiritualität zu stürzen.

Unsere flüssige, manchmal auch zähflüssige Identität ist die Form, die sich im Fluss des Bewusstseins

zeigt und in der wir uns wiederfinden und wahrnehmen. Manchen Menschen fällt die Wahrnehmung der eigenen Identität schwer. Die heutige Forschung schätzt, dass unser Wohl- und Glücksempfinden – das ist auch eine Form des sich Identifizierens – in etwa zur Hälfte von unserer genetischen Veranlagung abhängt und zur anderen Hälfte von der Persönlichkeitsbildung. Das Selbstkonzept entscheidet also nicht allein über unseren Werdegang. Es existieren weitere Faktoren, die das Konstrukt mitgestalten.

Ich musste, wie gesagt, beinahe vierzig Jahre alt werden, bevor ich zum ersten Mal eine Idee davon bekam. Bis dahin war mein Glas immer halb leer statt halb voll. Ich fühlte mich stets ungenügend und stand unter dem ständigen Zwang, mich zu rechtfertigen. Ein Muster, dem ich heute noch manchmal erliege. Ich entschuldigte mich in einem fort, selbst wenn der andere im eigentlichen Sinne »schuld« war. Ich schleppte noch immer meine schwierige, traumatische Kindheit mit mir herum und litt unter diffusen gesundheitlichen Beschwerden. Weitaus erheblicher ist allerdings, dass Menschen, die wie ich ihre eigene Identität nur sehr diffus wahrnehmen, alles, was über diese Identität hinausführt oder was sie verändern könnte, ebenso zwielichtig wahrnehmen. Oder anders ausgedrückt – wer sein eigenes Ich nicht annimmt und begriffen hat, wird auch das Du und die Welt um sich herum nicht vollständig annehmen können, vor allem aber wird es sehr schwierig mit jeglicher Art von Transformation.

Werfen wir einen Blick zurück, um besser zu verstehen, was ich meine: Als ich geboren wurde, war schon eine Menge geschehen, was mich davon hätte abhalten können, diesen wundervollen, blauen Planeten zu betreten. Der Zweite Weltkrieg hatte nicht nur meine Vorfahren schwer in Mitleidenschaft gezogen und zum Teil extrem traumatisiert. Auch sonst herrschte nicht gerade eitel Sonnenschein, weder auf diesem Erdball noch in meinem Elternhaus. Ob Sie es glauben oder nicht, ich wusste alles, was abgelaufen war oder einigen wir uns darauf, dass ich es auf jeden Fall intuitiv erahnte. Über Kanäle, die wir erst langsam erforschen, werden Erinnerungen vererbt, die sowohl Körper, Psyche als auch Geist betreffen. Das hätte mich abhalten müssen. Aber ich kam ganz keck zur Welt. Ich drängte mich förmlich auf. Ich war nämlich angetreten, keck zu sein, nach Höherem zu streben und ausgetretene Pfade zu verlassen, auch wenn mir das zu diesem Zeitpunkt alles andere als klar war. Ich hörte schon als Kind das Gras wachsen. Hört sich nach einer schwierigen Lebensaufgabe an? Hm? Genau. Mit meinem »Made for More«-Vorhaben stieß ich sehr bald auf den harten Boden der Tatsachen. Ich war nämlich weder geplant noch erwartet. Für meine Eltern, die beide noch sehr jung waren, war ich nichts weiter als ein Schock, ein Überfall, mit dem keiner gerechnet hatte, noch dazu ein Überfall, der große Frustrationen auslöste. Als ich mich ankündigte, hatten sie völlig andere Pläne. Außerdem waren weder meine Mutter noch mein Vater mit sich im Reinen. Der Zweite Weltkrieg hatte ihre Kindheit vergiftet und sie beide traumatisiert, und sie waren weit entfernt, davon geheilt zu sein. Und nun das! Ein Kind, das die Welt entdecken und erobern wollte und sich dazuhin noch für Graf Rotz hielt, bedeutet(e) eine ganz schöne Prüfung. So einer herausfordernden Rotznase musste man ganz schnell klarmachen, dass es nichts zu entdecken und zu erobern gab. In mir aber jubelte es. Ich wollte hoch hinaus. Meine ersten Versuche, hohe Bäume zu besteigen, kaum dass ich mich dazu in der Lage sah, endeten oft mit einer Beule, weil ich herunterfiel und mir meinen Kopf anschlug. Ich hatte ständig riesige Beulen als Kind, denn ich konnte es nicht lassen, mich immer wieder hochhinauf zu hangeln. Keine war jedoch jemals so schlimm, dass ich ernsthaften Schaden nahm. Meine Eltern sahen das vollkommen anders. Für sie war jeder neue Versuch eine Zumutung. Sie schimpften, drohten, schlugen. Ein ungehorsames und dazuhin ungeschicktes Kind, das dauernd irgendetwas Unverständliches wollte und dabei einen mächtigen

Dickkopf bewies, dies war ihre Sicht auf die Dinge, und sie hämmerten sie mir ein. Sie verstanden es nicht. Wie sollten sie auch verstehen? Ihr Kind lebte in anderen Welten. Und dieses stürmische Kind, das für mehr angetreten war, ging in diesen Welten aus und ein und wollte dazuhin weit über sie hinauswachsen. Es sehnte sich danach, die Grenzen, die ihm gesetzt waren, zu durchbrechen. Es wusste noch nicht, dass die Macht der Gewohnheit stark ist und dass langanhaltender und nachhaltiger Einfluss einen Menschen in ein völlig anderes Fahrwasser bringen kann. Es kam, wie es kommen musste: Es wurde massiv ausgebremst und konditioniert. Nach nur wenigen Jahren harter Prägung hatte es seinen ursprünglichen Lebensauftrag vergessen. Es hatte vergessen, wozu es angetreten war und wurde ganz ernst und traurig, ja beinahe lethargisch. Parallel dazu wurde es immer ungeschickter. Es bekam Angst, auf Bäume zu klettern, ließ es schließlich ganz bleiben und traute sich auch sonst immer weniger zu. Die Eingliederung war erfolgreich abgeschlossen und das hautverkapselte Selbst darin gefangen. Für die Erziehenden ein Erfolg, für das heranwachsende Kind ein Desaster. Es vergaß, den Grund seines Hierseins und damit, wer und was es ist. Ist die Spirale nach unten erst einmal in Gang gesetzt, sind wir schnell bereit, uns selbst in vielerlei Hinsicht abzuwerten. Es ist ein weit verbreiteter

Zustand, sich selbst abzuwerten. Und Selbstabwertung geht Hand in Hand mit der Verurteilung anderer. In den tieferen Schichten unserer Gefühlswelt können weitere Gefühle damit verbunden sein, bis hin zu Besessenheit.

Ich hielt mich fortan weder für klug noch für ansehnlich, schon gar nicht für couragiert, keck oder für jemanden, der klettern konnte. Ich wurde zum schüchternsten Menschen der Welt und unsportlich noch dazu und beneidete jede/n, der anders war als ich. Ich war ein hässliches Entlein. Und es sollte viele, viele Jahre dauern, bis ich durch die Session bei meiner Freundin, der Kunsttherapeutin, eine Ahnung davon bekam, dass es sich lohnen könnte, mich neu zu entdecken. Und natürlich noch in diesem Leben und nicht erst im nächsten.

Die Begegnung mit dem eigenen Selbst, von dem das innere Kind ein wichtiger Teil ist, zählt zu den spannendsten Erfahrungen überhaupt und ist die unabdingbare Voraussetzung für unsere Befreiung. Wir müssen die Fesseln der Vergangenheit sprengen und über das Ich, das wir zu kennen glauben, hinaustreten, um uns wiederzufinden. Das ist durch elementare körperliche oder spirituelle Erfahrungsfelder oder durch gezielte Anleitung möglich. Gelingt es, erleben wir ein unerwartetes Ankommen, ein Hochgefühl. Sich selbst zu begegnen und sich seiner selbst tiefer und umfassender bewusstzuwerden, ist eine spannende Erfahrung. Gleichzeitig ist es ein Ankommen ohne Ende. Denn das Selbst, so fest auch seine hierarchischen Strukturen sein mögen, ist nicht fest, sondern flüssig. Es ist reine Energie. Es fließt immer weiter.

»In der Erinnerung gibt es keine Grenzen; nur im Vergessen liegt eine Kluft, unüberwindlich für eure Stimme und euer Auge.« (Khalil Gibran)

05 | INNEHALTEN UND ERINNERN

Halte jetzt inne, atme tief ein und aus. Gönne dir eine Begegnung mit dir selbst. Wenn du bis hierher gelesen hast, gehörst du zu den Menschen, die wissen oder doch zumindest erahnen, dass der Ausbruch aus diesem Ungenügend, dieser Mangel-Haft möglich ist, dass es etwas gibt, das uns miteinander verbindet. Dich und mich, uns alle. Jenseits der lauten Welt, die uns versucht zu vereinnahmen, ja, oft sogar gefangen hält, instrumentalisiert und manipuliert, gibt es einen Ort. Keiner hat ihn je gesehen und doch wissen wir, dass er da ist. Dieser Ort ist uralt – älter als alles, was wir kennen – und zugleich blutjung. Dieser Ort ist unendlich groß und unterdessen so winzig, dass er nie bewiesen werden kann. Er ist ganz nah und scheint doch oft so fern. Er enthält eine Frequenz, die uns berührt. Dennoch ist dieser Ort weit mehr. Er ist der unzerstörbare Stoff, aus dem alles gewebt ist und in den alles eingewebt ist. Er ist der Ton, dem wir entsprungen sind und mit dem wir das Leben durchdringen. Dieser Ort befindet sich in einem heiligen und unzerstörbaren

Raum jenseits unserer materiellen Realität – gleichzeitig ist er in jedem von uns. Alle Wege führen zu ihm und alle Wege führen weg von ihm, wenn wir uns ihm verweigern. Sogar wenn wir schon unterwegs sind, können wir vom Pfad abkommen. Und wir werden nicht ankommen, solange wir meinen, ankommen zu müssen. Das, wohin wir wollen, ist nämlich längst da. Dieser wundersame Ort wurde tausendfach beschrieben und besungen. Sein Klang durchzieht die Welt. Vom Anbeginn der Zeiten wurde seine Präsenz in allen Kulturen in irgendeiner Form bewahrt. Die Bewahrer und Bewahrerinnen dieses Wissens, Erleuchtete, Priester/innen, Schamanen, ganz gleich welcher Couleur, lehren seine Anwesenheit, versuchen sie fühlbar zu machen. Höhlenzeichnungen geben uns eine Ahnung davon. Jedes Märchen erzählt von ihm. Aber wer glaubt schon an Märchen? Jedes Weisheitsbuch zeigt Wege auf, wie man dorthin gelangen kann. Aber wer widmet sich schon dem Unbegreiflichen, wenn ihm ständig irgendjemand etwas an die Hand gibt, das irgendwie plausibel klingt? Wir haben schlicht und ergreifend vergessen, wer und was wir sind, in diesem unermesslichen Raum, in dem wir existieren, ohne uns über das Ausmaß dieser Existenz vollkommen bewusst zu sein. Wir haben uns selbst vergessen und den Glauben an die Wirklichkeit dieses Seins verloren. Unser Leben ist eine einzige Suche.

Ich hatte Glück. Ich fiel in einen Weichmacher. Das war das Seminar von meiner Freundin. Und weil ich so verrückt nach Worten bin, habe ich diesen weichen Zustand dazu benutzt, tiefer in dieses mir bis dahin Unbekannte einzutauchen. Dies ist die vorläufige Quintessenz dieses Eintauchens. Nicht mehr, aber auch nicht weniger.

Hätte mich vor mehr als 25 Jahren jemand gefragt, welchen Grund ich habe, hier auf dieser Erde zu sein, wäre ich ganz schön ins Trudeln gekommen. Wer fragt sich schon nach dem Grund seines Hierseins, wenn er mit dem Leben beschäftigt ist? Nach einer Weile angestrengten Grübelns hätte ich vermutlich auf meine Familie verwiesen. Auch wenn mir der Familienstand manchmal ganz schön Bauchschmerzen und Kopfzerbrechen bereitet, lohnt es sich doch dafür zu leben. Und ansonsten? Das Leben ist kein Ponyhof – da war ich mir lange ziemlich sicher. Alles andere war alles andere. Sich einer Frequenz anzunähern, die wir nie in Betracht gezogen, geschweige denn gefühlt haben, ist gar nicht so einfach. Das bedeutet Vertrauen oder doch zumindest das stringente Einlassen darauf, aus welchen Gründen auch immer. Vielen Menschen hilft es, die Routine des eigenen Seins zu verlassen, um diesen Prozess in Gang zu setzen. Sie besuchen Wochenendseminare, fahren in Glückscamps oder rennen sich bei Marathons die Seele aus dem Leib.

Wird der Prozess aber nicht als wahrhaft gegeben angenommen und beständig in den eigenen Alltag integriert und gelebt, bleibt er eine Farce, eine Art Schweben oder sogar ein Kick, den man sich immer wieder holen muss, ohne dass sich daraus eine nachhaltige Wirkung entfaltet. Wir sind dann eine Zeit lang beschwingt, aber entwickeln uns nicht wirklich weiter und erzielen auch keine wesentlich anderen Ergebnisse. Wir sind dann lediglich Anbeter unserer selbst.

Doch gehen wir jetzt mal davon aus, dass dieses Annähern gelungen ist oder gelingt. Dass dieser Zugang zum Selbst uns mit einer größeren Vision, mit einem höheren Lebensideal verbindet. Dass er etwas bewirkt und verändert. Dass alles, was uns so wichtig erschien, dahinter zurücktritt und wir das Wunder begreifen, das sich darin offenbart. Wer hätte gedacht, dass es so umfassend und zugleich so unfassbar sein könnte, sich an sich selbst zu erinnern? Ja, sich überhaupt zu erinnern. Bewusstsein für sich selbst ist dem Bewusstsein angeboren, wird aber durch das System, in das wir hineingeboren wurden, nicht gefördert, sondern manipuliert. Bloß nicht über den Tellerrand blicken und schon gar nicht darüber hinausgehen – wir könnten ja in dieses bodenlose schwarze Nichts darunter stürzen und verschlungen werden. An nahezu jeder Ecke werden wir abgelenkt und aufgehalten. Bis heute. Heute noch virtuoser denn je. Achtung, Gefahr, lautet die Ansage. Wenn wir nicht unglaublich achtsam und wachsam sind, bleibt unser Radius immer gleich oder wird im Laufe des Lebens sogar kleiner. Der eigenen Wahrheit zu folgen und sie zum Leben zu erwecken, ist inmitten des Systems, in dem wir uns befinden, schwierig. Überall lauern Fallstricke und der größte sind wir oft selbst, weil wir uns am Gängelband halten lassen. Wie oft sind wir Getriebene oder lassen uns mitreißen, ohne es wirklich zu wollen. Manchmal werden wir dabei abgetrieben. Besondere Achtsamkeit ist gerade dann geboten, wenn wir davon überzeugt sind, wir hätten das Glücksrezept oder der Weisheit letzter Schluss gefunden. Es gibt kein Halten in alledem. Sein entsteht aus Werden und Werden ist Sein im Werden. Dieses Sein ist weder reißend noch versumpfend oder gar verschlingend. Es ist einfach, und es liebt uns, selbst wenn wir uns verweigern oder diese Liebe gar nicht sehen.

Das, wovon ich rede, wird in seiner Umsetzung häufig als Transformation bezeichnet. Transformation ist die Kunst des sich Wandelns, des Hineingehens in das Neue durch die Überwindung des Vorgegebenen. Das bedeutet, aus einer bestehenden Form in eine neue Form hineinzuwachsen – vertrauensvoll und immer weiter. Hinein in eine Form, der wir uns bislang nicht gewachsen sahen oder für die wir uns noch nicht öffnen konnten. Für Kinder ist genau das etwas ganz Selbstverständliches. Bis über die Pubertät hinaus – einem der größten Umbauprozesse des menschlichen Lebens überhaupt – vollziehen sie auf ganz natürliche Weise beständig Wandel, selbst unter härtesten Bedingungen.

Heranwachsend verfestigt sich das Selbstkonzept nach und nach im und durch den Körper. Durch die Verfestigung verlieren Transformationsprozesse schließlich an Geschmeidigkeit oder werden sogar ganz verweigert. Wir werden starrer. Der Körper beginnt eine eigene Sprache zu sprechen. Veranlagte und hervorgerufene Emotionen werden alltäglich. Gebildete Denkmuster rasten ein – im Laufe des Lebens manchmal bis hin zur Stur- und Starrheit. Tief in uns – oft bis zur Unkenntlichkeit verzerrt oder gänzlich mit Müll zugeschüttet – bleibt jedoch eine Erinnerung, mit der wir verbunden sind. Diese erinnernde Verbindung steht außerhalb von Raum und Zeit, wie wir sie kennen – ja, außerhalb von allem, was wir kennen oder benennen können. Sie ist unantastbar. Sie ist heilig. Sie ist in letzter Konsequenz unsere Verbindung zu Gott und zur Ewigkeit. Sie lässt keinen Menschen mehr los, der den Zugang zu ihr einmal erlebt hat, einen winzigen Zipfel von ihr erhaschte oder durch die angelehnte Tür einen kurzen Blick auf sie werfen konnte. Sie ist der Grund, weshalb die spirituelle Szene nicht aufhört zu boomen und Angebot und Nachfrage in der Coachingszene kontinuierlich wachsen. Sie ist faszinierend und mit dem Unermesslichsten und Wunderbarsten verbunden, das man sich vorstellen kann. Diese erinnernde Verbindung hat unmittelbar mit uns selbst zu tun und ist doch unendlich viel mehr, als wir je erfassen können. In ihr verbirgt sich das große Wunder des Lebens, der Schöpfung und des Schöpfers. Sie ist der Urstoff, aus dem Leben entsteht. Sie hält Geschenke für uns bereit, von denen wir nie zu träumen wagten, verflüssigt unsere Identität und ermöglicht uns zu guter Letzt, loszulassen und in Frieden zu sterben. Durch sie befinden wir uns im Transit, bleiben Reisende jenseits der Materie. Lange bevor irgendwelche Glücksversprechen wirksam werden, erleichtert uns diese erinnernde Verbindung unser menschliches Dasein – ganz gleich, wo wir zu diesem Zeitpunkt stehen und ob es uns gut oder schlecht geht. Denn sie versorgt uns ganz unmittelbar mit dem Gefühl, näher an der eigenen Wahrheit zu leben. Und die eigene Wahrheit ist niemals ungenügend – für keinen Menschen auf diesem Erdboden. Die eigene Wahrheit ist auch keine Mangel-Haft. Die eigene Wahrheit ist immer ausreichend, ist wie eine Quelle, aus der das ewige Licht strömt, ohne dass wir etwas dazutun müssen. Es lohnt sich also, innezuhalten und sich zu erinnern oder wenigstens eine Ahnung in sich aufsteigen zu lassen.

Die Annäherung an das, was ich hier zu beschreiben versuche, kann herausfordernd sein. Die erste Herausforderung liegt bereits darin, dass wir in der Regel die Mangelzustände, die diese Welt kennzeichnen, als Beweis ansehen, dass es unmöglich funktionieren kann. Auch Rückschläge führen oft dazu, dass wir einfach stehenbleiben, statt die Chance zum Wachsen zu erkennen. Oder wir sehen uns im Gegenzug als privilegiert an mit einem unwiderruflichen Recht auf ein besonderes Leben voller Überfluss und verharren ebenfalls im Bestehenden. Mangel, auch Lichtmangel, ist hausgemacht. Mit hausgemacht meine ich nicht, dass er gezielt herbeigeführt wurde oder erwünscht ist. Aber es ist dennoch ein Zustand, den wir aus irgendwelchen dunklen Gründen in uns und um uns herum abrufen. Die Welt als solche befindet sich derzeit in diesem Zustand. Sogar die sogenannten »reichen« Länder und »vermögenden« Menschen werden von ihm beherrscht. Reiche Menschen können in gewisser Hinsicht sehr arm sein und unterliegen oft großen Ängsten, wie man beim Näherkommen häufig feststellen kann. Mangel ist die Unfähigkeit, wahrhaft Fülle und Freude zu empfinden und zu erleben, die Unfähigkeit auf ehrliche Art zu tauschen und mitfühlend zu teilen. Mangel betrifft jeden von uns. Mangel durchzieht Menschheitsgenerationen. Mangel fördert das Recht des Stärkeren und minimiert das Recht des Schwächeren. Mangel ist die Haft, in der wir uns befinden, ob es uns gefällt oder nicht. Mangel begünstigt jede Art von Radikalität. Mangel ist ein Monster mit vielen Gesichtern. Wir alle tun gut daran, uns aus den Klauen dieses Monsters zu befreien, ob wir nun vermeintliche Opfer oder Täter sind. Dazu müssen wir zunächst einmal bei uns selbst anfangen. Schritt für Schritt. Wir müssen zu uns selbst zurückfinden, uns aus unseren alten Konzepten herauswagen und neue Gedanken zulassen. Wir werden belohnt, das hatte ich ja bereits gesagt. Mehr als wir uns jemals vorstellen können. Aber es kann eine ganze Weile dauern. Mangel ist eine Suggestion allerhöchsten Ausmaßes. Sie ist wie eine zweite Haut, die uns so perfekt angepasst wurde, dass wir sie für real halten. Die Welt an sich formt sich beständig neu, sodass Mangel, ganz gleich um welchen es sich handelt, gar kein Dauerzustand sein kann. Wir sind es, die diese beständige Neuformung missachten und dadurch Mangel erzeugen. Wenn wir das zu stark oder übermäßig tun, müssen wir leiden.

Bist du bereit, dich zu erinnern? Bist du bereit, innezuhalten und der Stimme tief in deinem Inneren zu lauschen?

Als ich mich der Meditationsgruppe anschließe, verläuft mein Leben nach außen rund. Ich bin Ehefrau und Mutter, wohne in einem hübschen Haus, koche wie eine Weltmeisterin, schreibe für zwei Tageszeitungen und pflege meine Freundschaften. Innerlich aber bin ich zerrissen und labil. Meine Energie staut sich oft, anstatt frei zu fließen. Daran kann auch die Dankbarkeitswoge, die mich nach dem Seminar und dem Studium der Texte erfasst hatte, nichts ändern. Ich habe zu diesem Zeitpunkt keine Ahnung, woran das liegen könnte. Sowieso hatte ich lange kaum eine Vorstellung von meinem eigenen Leben. Ich wurde gelebt, und ich ließ mich leben. Die meiste Zeit war und wurde ich vom Außen absorbiert. Erst viel später werde ich erkennen, dass der Weg, den man ihm Dunkeln geht, einem viel länger und weiter erscheint, weil man weder die Wegstrecke richtig sehen noch das Ziel erkennen kann. Doch zu diesem Zeitpunkt realisiere ich das noch nicht. Eins ist aber sogar mir sonnenklar: zufrieden geht anders. Ich bin rastlos. Ich suche, ohne zu wissen, wonach. So sehr ich mich während der regelmäßigen Gruppentreffen auch versenke, kaum im Alltag, fühle ich mich erneut unzufrieden und voller Unruhe. Wir üben und üben. Wir üben loszulassen, was uns behindert. Ich übe wie eine Weltmeisterin. Die anderen auch, doch keinem gelingt es wirklich loszulassen, und je mehr Licht desto größer wird unser Schatten. Dann verlässt die Mitbegründerin unserer Gruppe Knall auf Fall ihren Mann und ihr Kind, steigt mit einem einzigen Koffer aus einem ganzen Leben aus und wechselt auf einen anderen Kontinent.

Das erschüttert uns alle. Wenn jemand tatsächlich und unerwartet loslässt, bebt die Erde. Nach einer letzten Betroffenheitssitzung löst sich unsere Gruppe in Wohlgefallen auf. Das ist Loslassen, wie es das Leben lehrt.

Ich stehe trotz meines Alters am Anfang. Sämtliche Bewerbungen, die ich seit einiger Zeit abschicke, um in eine Festanstellung zurückzukehren, laufen ins Leere. Unsere Kinder werden größer und brauchen mich von Tag zu Tag weniger. Ich fühle mich ungenügend, um nicht zu sagen, wertlos und die Welt bestätigt mir das immer vehementer. »Dein Lebenslauf enthält eine große Lücke«, sagen sie. Stimmt. Dabei habe ich gerade in dieser »Lücke« etwas vom Wichtigsten gelernt, das ein Mensch jemals lernen kann. Das weiß ich, und doch verfehlt der Stempel, den ich noch immer trage, nicht seine Wirkung. Ich bin ungenügend, und die Welt spiegelt es mir. Mein Selbstwert liegt am Boden. Nun geschieht das, was ich erst später als das erfasse, was es ist: Ich unterbreche die einmal begonnene Bewegung, gehe nicht mehr weiter. Wie eine Uhr, deren Pendel nach links und rechts schlägt und dadurch das Zahnrad am Laufen hält, das wiederum den Zeiger bewegt, bleibe ich einfach stehen. Der Gang durchs Labyrinth des Lebens hat mich vor eine

Wand geführt, doch statt dahinter zu blicken, renne ich dagegen und haue mir den Kopf an. Autsch. Auch habe ich keinen Plan, wie ich sie umgehen könnte, weil ich sie von vornherein für unüberwindlich halte. Starre.

Äußerlich funktioniere ich weiter. Ich gebrauche meine Arme, bewege meine Beine. Manchmal lächle ich, aber ansonsten herrscht Stillstand. Das hat Auswirkungen – von Ausbruchversuchen über Krankheit und Todessehnsucht bis hin zu einer großen Ehekrise. Ein letzter Anker, der mich einigermaßen in der Waagschale hält, ist die sogenannte Spiritualität, die mich seit dem Seminar meiner Freundin begleitet. Dumpf erinnere ich mich daran, dass es einen höheren Zweck gibt, dem ich dienen sollte, und dass ich dafür verantwortlich bin, diesen Zweck zu finden. Spiritualität ist im günstigsten Sinne nichts weiter als eine Art des Erinnerns, die Vergeistigung bestehender Sachverhalte, selbst wenn sie hinderlich oder den Schattenbereichen zuzuordnen sind. So gesehen ist spirituelles Interesse etwas Natürliches. Der Weisheit letzter Schluss ist Spiritualität deshalb noch lange nicht. Denn sie ist trotz ihrer befriedigenden Aspekte eine Beschäftigung mit dem Gewesenen. Nichtsdestotrotz kann sie im Hinblick auf Transformation und Weiterentwicklung sehr hilfreich sein und hält deshalb einen Stellenwert in der Menschheitsgeschichte.

Schamanen beispielsweise wissen, was es heißt, den Weg der Ahnen zu gehen. Sie beschreiten und achten ihn, bleiben den Ritualen und der Tradition ihrer Vorfahren treu. Dadurch leben sie in einem weitaus größeren Selbstverständnis als Menschen, die diese Verbundenheit nicht spüren. Christen erkennen neben der Nächstenliebe den Wert des Betens und der Vergebung an. Das schenkt ihnen auf einer höheren Ebene Freiheit. Buddhisten sind im Loslassen geübt. Dadurch erleichtern sie sich das Leben.

Anders verhält es sich mit Esoterik. Esoterik ist eine Geheimlehre. Und eine Geheimlehre funktioniert immer unter Vorbehalt, denn wer nicht zur Anhängerschaft gehört, ist kein Eingeweihter und hat folglich auch keinen anerkannten Zutritt. Dadurch können sehr rasch Hierarchien entstehen, oft mit verheerenden, weil manipulativen Auswirkungen. Außerdem legt Esoterik immer nahe, dass es etwas gibt, das erst noch errungen werden muss, bevor man ein »Auserwählter« ist. Sobald Esoterik im Spiel ist, wird selbst Spiritualität fragwürdig, weil die individuelle Wahrnehmung hinter der Lehre zurücktritt. Da die Wahrnehmung eines Menschen niemals vollkommen identisch mit der Wahrnehmung eines anderen ist, sind Irrtümer vorprogrammiert.

Ich bin mir dieser Gefahr bewusst, als ich mich innerhalb der Gruppendynamik sowohl mir selbst als auch dem Vergangenen stelle – und ja, das kann man spirituell angehaucht nennen. Ich steige hinab in die lichtundurchlässigeren Bereiche meines Bewusstsein-Sees. Ohne es zu realisieren, bin ich dabei andauernd auf das schon Gewesene ausgerichtet. Doch parallel dazu komme ich auch immer mehr mit meinem Selbstbild in Kontakt. Ich lerne nach und nach die Frau kennen, die ich bin oder zu sein glaube. Ihre Gefühle. Ihre Gedanken. Ihre Stärken und ihre Schwächen. Und zu guter Letzt auch ihr Verhalten. Zwar in der Rückschau, aber immerhin.

Sich zu kennen, ist nicht selbstverständlich. Die meisten Menschen glauben, sich zu kennen, kaum einer erkennt sich wirklich selbst. Viele verstecken sich sogar absichtlich oder haben blinde Flecken, die maßgeblich ihr Leben bestimmen, ihnen selbst jedoch vollkommen fremd sind. Fast jeder betrügt sich irgendwie selbst oder betreibt unbewusst Selbstsabotage. Jeder von uns nimmt sich teilweise nicht wahr. Ich gleiche meine Selbsterkenntnisse mit der Idealität ab, die mir bei der allerersten Begegnung mit mir selbst bewusstwurde. Ich bin da beharrlich. Ich lasse manchmal nicht locker. Das ist eine meiner guten Eigenschaften. Kritiker nennen es eigensinnig. Über einen längeren Zeitraum hinweg ergibt sich Folgendes: Es bleibt bei meinen Ausbruchversuchen. Ich stehe mit angezogener Handbremse am Berg. Ganz gleich, wie euphorisch mich irgendein Impuls oder eine Meditation macht, mein Sicherheitsbedürfnis ist größer. Irgendetwas hält mich in letzter Minute immer zurück. Ich gelange jedoch in jeder Hinsicht zu mehr Stabilität. Ich werde wieder gesund, mein Mann und ich überwinden die Ehekrise, schaffen es, unsere Ehe auf ein neues Level zu heben. Ohne die Beschäftigung mit mir selbst und den Einsatz verschiedener Praktiken hätte ich das, da bin ich mir ganz sicher, nicht geschafft. Vergeistigung hat mir eine Ausrichtung gegeben und meine Resilienz gesteigert.

Das Ziel bleibt dennoch in unerreichbarer Ferne. Angesichts der Vergeblichkeit stelle ich meine jahrelangen Bewerbungsschreiben ein. Ich absolviere stattdessen eine Ausbildung zur Herzkreistrainerin und schreibe innerhalb von fünf Jahren neben meiner journalistischen Tätigkeit drei Bücher. Noch immer umkreist mich dabei dieses Ungenügend, dieses riesige Loch in meinem Selbstwert wie ein Phantom, und seine unwirkliche Wirklichkeit wirkt. Klar, es hat sich etwas verändert, ich habe jetzt mehr Stehvermögen, aber wirklich verändert hat sich in meinem Leben nichts. Transformation ist gar nicht so einfach, denke ich und verspüre Widerborstigkeit.

Die Jahre vergehen. Die Kinder verlassen das Haus. Ich entfalte und entfalte und entfalte. Doch was entfalte ich und vor allen Dingen, wohin entfalte ich mich? 2010 nehme ich auf Anraten meines

Mannes, der sich mit meinen Komplexen und Problemen konfrontiert sieht, an einem Coachingwochenende teil. Dort wird mir plötzlich glasklar, wie ungenügend ich mich noch immer fühle. Die Erkenntnis selbst ist Gold wert, bringt mich aber nicht wirklich weiter. Der an diesem Wochenende versprochene und für alle Teilnehmer durchgespielte Ausstieg aus dem Ungenügend, aus den Minderwertigkeitsgefühlen bleibt unvollständig, muss unvollständig bleiben, was jedoch von den Trainern keiner zugeben mag. Ehrlichkeit ist eben Ansichtssache. Die selbsternannten Lichtbringer bringen Licht ins Dunkel, doch die Dunkelheit ergreift es nicht. Ich verfolge das Thema weiter, buche ein weiteres Wochenende, lese Bücher, halte Ausschau. Mehr und mehr realisiere ich, dass eine geringe Ausprägung des Selbstwertes weit mehr als eine Identitätskategorie ist, die man durch eine einzige Übung auflösen kann.

Ungenügend ist nicht nur eine dysfunktionale Identität, sondern ein weltumspannendes Glaubenssystem neben noch anderen, die überaus zerstörerische Wirkung entfalten. Und dieses System erschafft immer wieder neue Zweige, um uns genau darin zu bestätigen. Im Großen und Ganzen besteht wenig Interesse, diese Massenidentitätsstrukturen aufzulösen und diese Glaubenssysteme zum Einsturz zu bringen. Die meisten Menschen fühlen sich in ihrer kleinen, begrenzten und überschaubaren Welt sicher und wollen auch, dass es so bleibt. Und die, die an den Hebeln der Macht sitzen, also in diesem System das Sagen haben, verspüren kaum je Interesse, daran etwas zu ändern, denn sie fühlen sich darin ja ebenfalls sicher und lieben es, Untertanen zu haben. Das stellt ein echtes Hindernis auf dem Weg aus der Mangel-Haft dar, denn die negative Bestätigung dieser dysfunktionalen Identität ist allgegenwärtig. Das gilt es, sich klarzumachen. Die Schwäche des einen ist nämlich die Stärke des anderen. Das zieht sich auch weit in die spirituellen und Coaching-Kreise hinein. Mal ehrlich – die westliche Happy-Gesellschaft stand bislang noch nicht ernsthaft auf dem Prüfstand. Sich ausweitende Krisen mögen das verändern, doch auch das bleibt abzuwarten. Möglicherweise führen die damit verbundenen Befürchtungen auch nur in eine immer größer werdende Lähmung und ein sich ausweitendes Chaos. Die reichsten Länder spielen die perversesten Spielchen. Auf die großartigsten Trainings und höchsten Motivationsflüge können die heftigsten Abstürze erfolgen.

Ich aber will mein Ungenügend überwinden. Mir brennt es auf den Nägeln. Ich will herausfinden, wie das geht. Im Training wird uns nahegelegt, diese Identität einfach durch eine andere, »besser« erdachte zu ersetzen. So wird das angeleitet. Sprich dich aus, lass deine Gefühle mal kurz raus, und schwupp ist alles ausgemerzt und gut. Für mich ist das lediglich ein Trostpflaster, das die Wunde abdeckt und das Blut kurz stillt. Mich beschäftigen größere Fragen, die unbeantwortet bleiben. Ich realisiere, dass mich das Transformationscoaching nicht dort abholt, wo ich stehe, sondern nur standardisierte Inhalte vermittelt. Sicher, es hat mich veranlasst, bestehende Glaubenssätze zu hinterfragen, und hat auch etwas in mir aufgewirbelt, aber das war es dann auch schon. Ich spüre, das genügt nicht, um eine solch festsitzende Identität zu überwinden. Wer mehr wolle, solle weitere Trainings buchen, wird einem nahegelegt. Immerhin haben mir die »Identitätskategorien«, die dort verkündet wurden, meinen Minderwertigkeitskomplex verdeutlicht.

Ich spreche mit Menschen, die unzählige Seminare für viel, viel Geld durchlaufen haben, und bemerke, dass sie ambitioniert, aber auch konditioniert sind. Sie jagen dem Licht nach oder der Heilung, manche auch dem Geld. Die Jagd kennt keine Grenzen. Gruppendynamisch bestätigen sie sich gegenseitig, drehen sich aus meiner Sicht dabei aber im Kreis. So führt Selbstentdeckung und Selbsterkenntnis nicht zu wirklicher Veränderung, sondern zum Unveränderlichen mit angekurbelten Luftsprüngen. Es kann offenbar zu einem Lebensinhalt

werden, sich von einem Selbstfindungskurs oder
Persönlichkeitstraining zum nächsten zu hangeln
und dabei auf Gleichgesinnte zu treffen. Ich finde
das bedenklich und beunruhigend, habe das Gefühl
vom Regen in die Traufe zu kommen. Obwohl man
hier zum Meister der Methode werden kann, wenn
man bereit ist, genügend Geld dafür zu investieren,
ziehe ich deshalb weiter. Eine seltsame Sogwirkung
des Bleibens verspüre ich dennoch. Sind es die cle-
ver angelegten Coaching-Strukturen, die einen
geschickt einbinden oder ist es dieses fantastische
Gruppengefühl? Dass mich nichts hält, weil ich
schon immer mein eigener Entdecker sein wollte,
ist mein Glück. Ansonsten hätte ich meine kostbare
Zeit im sich wiederholenden Glückstaumel von Se-
minarwochenenden verbracht, während sich mein
abgelenktes Ungenügend still und heimlich ins
Fäustchen gelacht hätte. Womöglich hätte ich sogar
meine Ehe riskiert, denn aus Sicht der glücksorien-
tierten Coaches hielt genau sie mich in der Mangel-
Haft und sollte deshalb beendet oder wenigstens
gecoacht werden. Was für eine willkürliche Idee, auf
die mein Mann und ich von allein niemals gekommen wären. Beziehung ist immer auch Auseinandersetzung und Konfrontation, bedeutet Arbeit ein
Leben lang. Nur wer sich mit seinem Partner nicht
mehr wirklich auseinander- und zusammensetzt,
wird beziehungsunfähig, und wer den Partner durch

den Coach oder Therapeuten ersetzt, sowieso. Spiritualität und Trainings machen Sinn, aber nur, wenn sie uns nicht festhalten, sondern loslassen und uns das Loslassen und Weitergehen ermöglichen. Der versuchte Zugriff auf alles und jeden im eigenen Leben ist höchst verdächtig. Das ist Licht, das aus der Retorte kommt. Sehr gute spirituelle Lehrer – übrigens alles Menschen und keine Halbgötter – versetzen dir einen Stoß, damit du ins kalte Wasser fällst und schwimmend überleben lernst. Sie vertrauen darauf, dass du schwimmen kannst, dass das Wasser dich trägt und dass das nächste Ufer nicht weit ist. Damit hat sich ihre Aufgabe erfüllt. Sie werfen dir vielleicht noch einen liebevollen Blick zu, dann wenden sie sich ab und überlassen dich deiner eigenen Verantwortung. Oder kennst du irgendeinen hervorragenden Lehrer aus deiner Schulzeit, der dir gegen Bezahlung noch immer Nachhilfeunterricht geben möchte? Gute spirituelle Lehrer bleiben eventuell noch eine Weile stehen, feuern dich an oder schwimmen mit dir um die Wette, bevor sie dich dir selbst überlassen. Schlechte manipulieren dich, damit du dich möglichst lange in ihrem Fahrwasser aufhältst und eine Menge Geld liegen lässt. Du darfst ein bisschen planschen und jubeln, aber bleib bloß im Bassin, solange du ein zahlender Kunde bist. Eines Tages bist du vom ständigen Mitschwimmen so schrumpelig geworden, dass

du – kurz vor der Auflösung deiner selbst – freiwillig
aus dem Becken steigst. Möglicherweise bist du klüger, vor allem aber erleichtert – jedenfalls um Geld.
Natürlich kann dich keiner zwingen oder dir die
freie Wahl nehmen, aber es gibt Mittel, dein Bleiben zu forcieren, dich zu konditionieren. Manipulation lauert überall. Unsere ganze Welt ist eine Art
Manipulation. Die Meister der Selbstkonzepte sind
auch Meister des Seelenfangs. Das müssen sie sein.
Sie leben ja davon. Labile Persönlichkeiten, gemein-
sinnige oder Menschen, die sich gern und leicht be-
geistern lassen, auch alle, die geführt werden wollen
oder einen Mangel an Sinnhaftigkeit verspüren,
sind gefährdet. Auch ich bin gefährdet, da mache
ich mir nichts vor. Die Sogwirkung ist stark. Das
spirituelle Ego begünstigt eine solche Laufbahn. Es
kann durchaus schwerfallen, sich dem zu entziehen.
Hinzukommt, dass Nestbeschmutzer verpönt sind,
dass nur der anerkannt wird, wer mitzieht. Allpar-
teilichkeit im Sinne von kritikloser Zustimmung
ist gewünscht, ja, manchmal sogar gefordert. Dabei
können sehr subtil alte Muster reaktiviert werden
oder das künstliche Selbstbild wird in einem fort bestätigt. In jedem Fall aber wird Kreativität blockiert
oder lahmgelegt. Vorsicht ist deshalb geboten. Alle
Angebote oder Gemeinschaften, die Allparteilich-
keit fordern, sind mit einer gewissen Distanz, einem
erheblichen Maß an Neutralität oder einer guten

Portion Selbsteinschätzung zu genießen. Denn All-
parteilichkeit schließt das Finden eigener Zielvor-
stellungen und Visionen weitgehend aus und bringt
uns in unserer Gefühlswelt möglicherweise keinen
Schritt weiter. Lieber einen Bewegungscoach nehmen, als in den Fängen eines Seelencoachs festzu-
hängen. Unsere ureigene Gefühlswelt ist der alles
entscheidende Schüssel zur Selbstfindung. Wenn
irgend möglich, erinnere dich deshalb selbstfühlend
an dich selbst. Das ist gar nicht so schwer.

Fühle, und du wirst deine Fesseln sprengen

06 | DIE UNGLAUBLICHE WIRKLICHKEIT
DER GEFÜHLE

Um eine bestehende Problematik aufzulösen, wie beispielsweise sich unzulänglich, schlecht oder machtlos zu fühlen, ist Selbsterkenntnis ein entscheidendes Puzzleteilchen. Sie allein reicht aber nicht aus. Um wirklich etwas in Bewegung zu setzen, müssen wir tiefer gehen, müssen wir festsitzende Identitäten, die uns innewohnende Haltung durchbrechen. Wir sind emotionale Wesen. Letztlich sind es immer unsere tiefen Gefühle, die uns daran hindern, frei und glücklich zu sein oder beispielsweise gesund werden zu wollen. Es genügt nicht, sich selbst zu erkennen, um sich aus einem Muster herauszuschälen. Wir müssen uns mit der Realität unserer Programmierung konfrontieren, um zum Wesentlichen in uns vorzudringen und dann unseren Körper wieder und wieder daran erinnern, wie es sich anders anfühlt. Wir können noch so viele Affirmationen sprechen und positive Gedanken hegen, solange wir nicht gefühlt zu einer Neuausrichtung gelangen und sie Schritt für Schritt verkörpern, ändert sich nichts. Wir können unbehagliche Gedanken auch nicht mit anderen Gedanken aus der Welt schaffen. Unser Verstand hält lediglich die Rolle eines Kommentators inne. Sich mit seinen Gedanken zu identifizieren, ist also das Blödeste, was wir tun können. Wir machen uns damit bloß zum Sklaven des Verstandes.

Es handelt sich um Sekundenbruchteile, aber wir nehmen zuerst fühlend wahr, bevor unser Denken, oder besser gesagt Nachdenken, einsetzt. In der Regel aber registrieren wir, wenn überhaupt, nur die Gedanken, mit der wir unser Erleben und Wahrnehmen deuten. Bewusst zu sein, ist dem Bewusstsein angeboren, aber die meiste Zeit denken, fühlen und handeln wir dennoch unbewusst. Jede Frage nach dem Warum, Wozu oder Weshalb, die dank unserer Erkenntnisfähigkeit auftaucht, ist deshalb rückblickend.

Wen wundert es also, dass das Ungenügend in mir, obwohl von mir erkannt, trotz aller Bemühungen aktiv bleibt. Nicht ständig, weil ich ja meistens achtsam bin, dafür manchmal umso massiver. Auch wenn es nur dann und wann an der Oberfläche meines Bewusstsein-Sees auftaucht, ist es latent immer vorhanden. Ich übe. Wenn es mal wieder sehr an mir nagt, vertraue ich dieses Ungenügend in einer Mini-Auszeit einem klassischen Musikstück an, das mich schon immer tief berührt hat. Der Klang der Musik verstärkt die Berührung mit mir selbst, nimmt die Emotion, die hinter diesem Ungenügend steckt, in sich auf und fliegt mit ihr davon. Wieder und wieder übe ich das. Mit Musik zu experimentieren, die etwas in uns zum Klingen und/oder in Bewegung bringt, ist höchst wirkungsvoll, denn Musik, die uns berührt, verbindet uns mit den tieferen Schichten unseres Seins. Das ist eine erste Empfehlung, was das Selbsttraining anbelangt. Klang und Musik zusammen mit Bewegung, Farbe(n) und Licht – dürften die wirkungsvollsten Mittel sein, um mit uns selbst stärker in Berührung zu kommen und unsere Stimmungsfrequenz zu verändern. Musik weckt schlummernde Emotionen und wirkt assoziativ. Sie aktiviert weite Bereiche des Gehirns, da sie in einer Art vorsprachlichen Kommunikation wurzelt und kann uns in Schwingung versetzen. Mit Gefühlen, von denen man abgeschnitten war oder ist, wieder in Kontakt zu kommen, zählt zu den schwierigsten Übungen überhaupt. Jeder Trainer, der nahelegt, dies könnte an einem einzigen Seminar-Wochenende geschehen oder von jetzt auf nachher verändert werden, lügt. In der Regel legen wir im Alltag die meisten unserer Gefühle lahm und funktionieren lediglich, ganz abgesehen von all den Gefühlen, die wir uns wegen emotionaler Vergiftung nicht erlauben oder sogar gänzlich unterdrücken. Sowohl in der Tiefe schlummernde Gefühle als auch Glücksgefühle sind nicht willkürlich abrufbar. Der Zugang zu sich selbst kann in einem gut geführten Seminar gefunden werden, nicht aber die Korrektur einer tiefsitzenden Gefühllosigkeit, eines Minderwertigkeitskomplexes oder gar eines Traumas. Dies erfordert weit mehr als ein Wochenende oder ein paar außergewöhnliche Gefühlsausschläge. Die Sensibilisierung für die eigenen Gefühle ist ein langsamer Prozess, an dem man dranbleiben muss, wenn er gelingen soll. Es dauert lange, etwas wirklich, wirklich, wirklich zu fühlen, neu zu fühlen, vor allem wenn man von bestimmten Gefühlsfrequenzen lange abgeschnitten war und gar nicht weiß, wie sie sich eigentlich anfühlen. Fühlen ist das Wahrnehmen von sich selbst als Ganzes und gleichzeitig im Sein und im Verhältnis zu anderen. Das Leben und Erfahren des eigenen Wesens im Kontext der bestehenden Welt und mit sich selbst.

So unglaublich es klingt, aber wir fühlen alle nur bruchstückhaft. Nur wenige Erwachsene haben ungehinderten Zugang zu ihrer Gefühlswelt, schon gar nicht ständig. Das mag daran liegen, dass Fühlen kein Ende hat, weil es tief und unerschöpflich ist und keine Grenzen kennt. Womöglich haben wir uns lange vor unserer Erinnerung in dieser Grenzenlosigkeit verloren oder wir folg(t)en emotionalen Fehlleitungen. Die klare Verbindung zu dem, was uns gefühlsmäßig ausmacht und bewegt, wird oft schon vorgeburtlich blockiert. Gewohnheiten und Verhaltensmuster, die sich früh in unserem

Selbstkonzept ausbilden und festsetzen, tragen ebenfalls zu Gefühlsblockaden, -vergiftungen, -verwirrungen und -verstrickungen bei. Wenn wir das ändern wollen, müssen wir in unsere Gefühlswelt eintauchen. Und wenn wir uns kennenlernen wollen, müssen wir anfangen, zu fühlen, immer tiefer zu fühlen. Und es ist ratsam, damit anzufangen, bevor wir uns bereit dazu fühlen. Das ist die Aufforderung, die dieses Buch transportiert.

Um uns wirklich fühlen zu können, müssen wir unseren Gefühlen zu Leibe rücken, bis wir uns schließlich ganz nahe sind und fühlen, was wir wirklich fühlen. Das kann zunächst vage sein, verstärkt sich nach und nach aber immer mehr. Es ist eine Rückkehr zu etwas lange Verlorenem, was uns durchaus auch traurig stimmen kann. Zu guter Letzt aber bringt es uns zum Lachen, zum Weinen und zum Leben in seiner reinsten Form.

Es ist, um ein Bild zu wählen, wie das Hinabsteigen in ein sehr dunkles Verließ, in dem die Angst wie ein feuerspeiendes Ungeheuer lauert. Dieses Ungeheuer kann nicht einfach freigelassen werden, da die Gefahr besteht, dass es alles zerstört, was wir lieben und mit dem wir uns verbunden fühlen. Doch wenn wir unsere Angst überwinden, uns hinabwagen und das Verließ durchschreiten, erkennen wir etwas überaus Kostbares. Wir erkennen, wer der wahre Drache ist, und wir können beginnen, mit ihm zu leben, ihn zu lieben und zu zähmen. Auf diese Weise lernen wir den Drachen immer besser kennen, bis er nach und nach seinen Schrecken für uns verliert und wir mit ihm tanzen können. Federleicht und voller Freude. Viele wollen das nicht. Denn das, was dort unten in Gestalt eines Ungeheuers lauert, kann so furchtbare und heftige Empfindungen auslösen, dass wir uns mehr davor fürchten als vor allem anderen, auch wenn alles andere uns alles andere als glücklich macht. So verharren wir oft lieber, als auch nur einen Finger zu rühren, um unsere Gefühle zuzulassen. Doch sich mit ihm zu konfrontieren, ist der Weg, um zu uns selbst zurückzufinden. Zu dem zurückzufinden, wie wir gemeint sind. Manche schaffen das nur mit Begleitung. Man muss in jedem Fall einigermaßen emotional gesund und geistig intakt sein, um diesen Weg zu beschreiten. Denn es ist immer auch ein kleines Wagnis dabei.

Wenn wir uns Unterstützung holen, gilt es zu verstehen, dass sowohl Psychotherapie als auch Coachings eine Art medizinische Wirkung entfalten. Sobald das Medikament abgesetzt wird, lässt auch die Wirkung nach. Der Heilsweg, auf den wir dank der Pille zurückgeführt wurden, ist nur für uns und einmalig. Er kann nicht reproduziert werden. Auch würde Dauermedikation zur Abhängigkeit führen. Seriöse Coaches und Therapeuten tragen dieser Tatsache Rechnung und vermeiden Stereotypen oder alles, was zu Abhängigkeit führen könnte. Das bedeutet auch, dass eine Therapie oder ein Coaching – ganz gleich welcher Art – von Anfang an Hilfe zur Selbsthilfe bieten sollte, statt immer neue Anreize zu setzen, die Abhängigkeiten fördern. Das kann ein schwieriger Balanceakt sein, ist aber möglich.

Haben wir es geschafft, unserem Drachen ins Antlitz zu schauen, verschwindet die Angst nicht einfach, wie oberflächliche Trainings oder esoterische Schlauberger häufig nahezulegen versuchen. Was wir lernen müssen, ist mit dem Drachen zu tanzen. Gelingt uns das, gewinnt unser Leben eine neue Qualität, wir fühlen uns freier, leichter, lichter, und unsere Resilienz wächst. Das, was uns nach unten zog, verliert nach und nach seine unheimliche Wirksamkeit, weil wir widerstandsfähiger werden. Noch einmal: Das Einzige, das Therapeuten und Trainings für uns tun können, ist es, uns Methoden aufzuzeigen, die uns eine Rückführung zu unserem wahren Wesenskern ermöglichen. Mehr nicht. Wir müssen sowohl den Weg allein gehen als auch das Ungeheuer ertragen lernen, weil das unsere ureigenste Sache ist. Nicht jede Methode ist zudem für jeden das Richtige. Eine alleinseligmachende Methode gibt es nicht. Schaffen wir es, ist viel gewonnen. Mehr, als wir in unseren kühnsten Träumen zu träumen wagen. Schaffen wir es nicht, dürfen wir auf keinen Fall aufgeben, denn das hieße, sich selbst aufzugeben.

Vergleicht man das Ungenügend mit einem dunklen, tiefen Wald, in den wir uns verirrt haben, können wir nur durch unser Weitergehen herausfinden. Wer stehenbleibt, verliert. Selbst wenn wir uns während des Gehens verlaufen, bietet dieses Verlaufen die größere Chance als Stagnation. Man könnte diese Chance in dem Satz zusammenfassen: Gefühle muss man mitfühlend zulassen, ohne ihnen zu erliegen.

Den Ausgang aus dem Alten, Bestehenden geschieht trotz des fühlenden Voranschreitens nicht von heute auf morgen. Nur Instant-Esoteriker vertreten eine solche Sichtweise. Es ist ein Prozess, der Schritt für Schritt vonstattengeht. Es ist ein Weiterschreiten in unserem eigenen Rhythmus und entsprechend unserem Leben. Manchmal findet er auch sprunghaft statt, aber er kann nicht künstlich beschleunigt oder vorgezogen werden, sonst landen wir womöglich in der Falle des Übertünchens. Einfach weitergehen, immer weitergehen durch alle Hindernisse hindurch. Menschen, die Schweres erlebt haben und ihre Ungeheuer zu Recht fürchten, können sich schwer damit tun. Weshalb sollten sie sich etwas aussetzen wollen, was ihnen panische Angst bereitet? Warum sollten sie riskieren, das Dunkle, das in ihren Eingeweiden nistet, herauszufordern und sich damit noch trauriger oder wütender zu machen, als sie es sowieso schon sind? Noch dazu, wo ihr Hirn dagegen rebelliert. Wozu sollten sie das schützende Dickicht, hinter dem sie sich so lange verborgen hielten, verlassen und ihr Ungenügend ungeschützt der Welt preisgeben? Weil es sich lohnt. Viele Menschen halten es beispielsweise für normal, mit den Jahren des Älterwerdens kein Kribbeln mehr zu spüren. Aber es ist möglich, das Kribbeln ein Leben lang zu spüren. Indem wir uns selbst erlauben, alles zu fühlen, nähern wir uns unserer eigenen Waldlichtung und die lässt uns aufblühen, weil sie uns glücklich macht, selbst wenn sie im Herbst- oder Winterkleid steht. Die Qualen werden deshalb nicht von heute auf morgen weniger, die Herausforderungen nicht kleiner, die Welt nicht auf Anhieb besser, auch die Schicksalsgöttinnen spinnen weiter ihre Fäden. Angst wird immer wieder eine Rolle spielen. Aber etwas in uns wächst. Etwas Wertvolles. Zunächst langsam und unmerklich, dann immer kraftvoller und schneller. Gefühle haben eine immense Kraft und Dynamik. Dieser Prozess bedeutet Wandel und führt uns zu der Veränderung, die wir uns wünschen.

Türen gehen auf – in mir und um mich herum. Ich lerne fast jeden Tag etwas dazu. Noch immer plagen mich Ängste, aber sie werden schwächer. Es ist was dran, dass der Mensch mit seinen Aufgaben wächst. Wo ich sein will, bin ich jedoch noch lange nicht. Das macht mich ungehalten. Erneut falle ich starken Zweifeln anheim. Das ganze Gerede von

Transformation fängt an, mir auf die Nerven zu gehen. Ein Freund, der seit Jahren Buddhismus praktiziert, spricht aus, was ich denke: »Du drehst dich
einmal um dich selbst, um festzustellen, dass du wieder am Ausgangspunkt angelangt bist. Witzig, nicht
wahr?« Rotation um die eigene Längsachse. Na, toll!
Auch wenn die Suche wie ein Antrieb wirkt – wer
sich selbst sucht, steckt immer auch in Selbstsucht
fest. Da darf man sich nichts vormachen. Von einem
Hamsterrad ins nächste. Organisierte Spiritualität.
In meiner hungrigen Ergebnisorientiertheit verges-
se ich zu diesem Zeitpunkt, dass alles Zeit braucht
und dass es wichtig ist, auf das Nächstliegende zu
schauen.

Zur Erinnerung: Bewusstsein existiert auf vielen Ebenen. Wir haben aber nur zu einem winzigen Bruchteil dieses Bewusstseins zu einem jeweilig
bestimmten Zeitpunkt Zugang. Und selbst dieser
winzige Bruchteil ist uns selten gänzlich bewusst.
Unsere gesamte Wirklichkeit bewusst wahrzunehmen, würde uns schlichtweg überfordern. Unser
Selbstkonzept bewahrt uns davor aus der Linearität
der Wahrnehmung zu fallen, damit wir den Über-
blick über uns selbst und unser Leben behalten.
Um sich selbst und der eigenen Wahrheit näher
zu kommen, ist das Aufspüren und Empfinden der
ureigensten Gefühle jedoch unerlässlich. Lerne zu
fühlen – und du lernst zu leben.

*»Alle Dinge, die wirklich wichtig sind – Schönheit, Liebe,
Kreativität, Freude, innerer Frieden –, kommen aus dem
Bereich jenseits des Denkens.« (Eckhart Tolle)*

07 | EMOTIONEN UND KEIN ENDE

Wir nehmen das Leben durch einen Empfindungs-
filter wahr, nämlich durch den Filter unserer Gefühle. Das gilt für alles, was wir erleben, ob agierend
oder reagierend. Mich kann eine Spinne ekeln, du
findest sie schön. Du freust dich über ein Ergebnis, welches du erzielt hast, ich bin über das gleiche
Ergebnis zutiefst enttäuscht. Gefühle sind zunächst
einmal Gefühle. Ihre Wirkung auf uns kann variieren. Manches empfinden wir stärker, anderes weniger stark. Sobald sich ein Gefühl mit einer Schlussfolgerung verknüpft und sich tiefer in uns festsetzt,
beispielsweise durch einen Schreckmoment, den wir
erinnernd abspeichern, wird es zu einer Emotion.
Im Fachjargon bezeichnet man das als »kognitive Emotion«. Die Emotion, obwohl existent und
hochwirksam, ist nicht materiell im eigentlichen
Sinne, sondern unsichtbar. Es handelt sich um eine
im Raum schwingende Frequenz, die für feinfühlige
Menschen sehr gut wahrnehmbar ist. Aus der Summe unserer kognitiven Emotionen leiten sich unser
Ausdruck und unsere Handlungen ab. Emotionen

sind also eine Schwingung aus uns selbst heraus, die wir aussenden und die uns in Bewegung bringt. Jede Art von Schwingung entspricht einem Pattern, einem Schema, das zwar unsichtbar ist, aber dennoch vorhanden. Da wir dieses Schema in der Regel wiederholen, zementiert sich daraus ein bestimmtes Verhalten und umgekehrt bestätigten wir durch unser sich wiederholendes Verhalten wiederum das Schema. Wenn wir ein Gefühl nicht emotionalisieren, löst es sich in der Regel rasch wieder auf. Emotionen zu verstehen, ist von enormer Bedeutung, vor allem, wenn wir wirklich weiterkommen wollen, denn es existiert kein stärkerer Lehrer als eine Emotion. Alles, was uns emotional triggert, und alles, womit wir andere triggern, sollte uns sofort aufmerksam werden lassen. Sämtliche unserer Erfahrungen werden erst durch Emotionen lebendig und verbinden uns dadurch mit uns selbst und anderen. Emotionen sind komplexe Reaktionen auf das, was uns begegnet und widerfährt. Und durch jede Emotion tauchen wir tiefer in das Menschsein ein.

Weiter gilt es zu verstehen, dass eine Emotion immer einen Bezugspunkt hat. Es gibt ein Mich und es gibt jemanden oder etwas, das dieses Mich in irgendeiner Form emotionalisiert. Trump hat die Wahl zum 47sten Präsidenten der USA hauptsächlich deshalb gewonnen, weil er stärker emotionalisierte als Kamala Harris und dadurch mehr Menschen ansprach und erreichte. Hinzukommt, dass er weitaus unverfrorener zu sich steht, sich nicht deckeln lässt, was anderen imponiert, weil sie auch gern so wären.

Viele Menschen sind tief im Innern angstbesetzt, selbst wenn sie nach außen hin fröhlich wirken. Diese Angst verbirgt sich hinter scheinbarer Emotionslosigkeit, Ärger, Frust, Wut und auch hinter Trauer. Emotionen sind sowohl im Guten als auch im Schlechten wie Kinder, die zu uns kommen und geführt werden wollen. Den meisten von uns gelingt es nie ganz, ihre Emotionen zu meistern, da dieses Meistern einen ständigen Zugang zur Selbstwahrnehmung und auch Selbstbeherrschung voraussetzt. Alle Emotionen können den Rahmen sprengen, in dem sie sich befinden. Das kann den Verstand ziemlich verrückt machen. Gelassen bleiben, lautet die Zauberformel, wenn es um Gefühle geht, die uns aus dem Gleichgewicht bringen. Aber wie geht das? Wie bleibt man gelassen, wenn man bereits aus der Fassung geraten ist? Zunächst einmal gilt es achtsam zu sein und die Selbstwahrnehmung zu schulen. Bewusstes Atmen hilft ebenfalls, ist bei sehr starken Emotionen aber kaum zu schaffen. Wir können Handbewegungen verbunden mit einem Laut trainieren, eine Runde laufen, aus der Reihe tanzen, statt uns aufzuregen. Auch Gleichgewichtsübungen können helfen. In jedem Fall bringt uns all das näher zu uns selbst, und wir registrieren dadurch, wo wir stehen. Immer gut ist es, das Gehirn mit frischem Sauerstoff zu versorgen, denn dann ist es eventuell zu neuem (Nach)denken bereit. Doch ganz sicher ist auch das nicht. Der Verstand ist ein durchtriebener Schlingel. Er verlässt eine Position nur, wenn er sich viel davon verspricht. Er kann nämlich rechnen, was das Zeug hält. Er lässt uns lieber aus dem Ruder laufen, als seine Vormachtstellung aufzugeben. Es ist auch leichter aus der Fassung zu geraten, als die eigene Emotionslosigkeit zu durchdringen. Viele nennen es auch das Verharren in der Komfortzone. Emotionslosigkeit birgt Sprengkraft, weil sie immer weiter ausufert, wenn wir ihr nicht zu Leibe rücken. Kinder beispielsweise brauchen Grenzen, um sich selbst zu erfahren und um ihr Selbstkonzept zu stabilisieren. Viele Eltern verkennen das heutzutage und geben allzu schnell nach, wodurch zwar die Wohlfühlzone der Zöglinge wächst, nicht aber die Intelligenz und Resilienz. Die Ausformung des Selbstkonzepts sowohl über- als auch unterbehüteter Kinder kann dadurch Schaden nehmen. Erziehungsberechtigte, Lehrer, das Umfeld und die Gesellschaft sollten in ihrem eigenen Interesse eine dringende und vorrangige Verpflichtung darin sehen, Menschen vor Gefühllosigkeit zu bewahren. Denn Gefühllosigkeit, die sich entlädt, kann zu grauenhaften Taten führen. Ein Mensch mit stark unterdrückten Emotionen kann für sich selbst und andere zur Waffe werden.

Angst ist in unserer Welt seit Jahrtausenden all-gegenwärtig. Sie ist einer der wesentlichen Faktoren, damit wir von anderen, die stärker sein wollen, be-herrscht werden können. Eine Weile schien sie auf dem Rückzug zu sein, was in der westlichen Welt maßgeblich auf die Emanzipation der Frau und die 1968er Bewegung zurückzuführen ist, doch derzeit droht sie sich erneut und massiver denn je auszu-breiten. Das menschliche Angstkostüm hat sich im Laufe der Zeit immer wieder verändert, verbirgt sich oft auch hinter Kultiviertheit. Sensibilität an sich ist heute mehr denn je ein Teil dieses Angstkos-tüms, das wir tragen, eine Art Schutzhaut unter der Haut, die uns empfindsam und feinfühlig reagieren lässt, aufgrund vorangegangener Erfahrungen oder Übertragungen. Dieses Angstkostüm hat sich im Laufe der Jahrtausende menschlicher Entwicklung verstärkt. Die Angststörung zählt nach der De-pression zur zweithäufigsten psychischen Störung. Die Zunahme dieser psychischen Störungen ist seit etwa fünfzehn Jahren überdurchschnittlich hoch – und das, obwohl unmittelbare Bedrohungssituatio-nen eher selten vorkommen, was unser klarer Men-schenverstand auch ganz genau weiß. Irrationale Angst erschöpft unser Stress-Reaktions- System.

Dies kann wiederum dazu führen, dass wir im Fall einer tatsächlichen Bedrohung nicht mehr adäquat in der Lage sind, zu reagieren. Denn die Dauerbelastung durch irrationale Ängste verringert unsere Lebensenergie. Durch latent vorhandene Angst verlieren wir das Gefühl, eine Wahl zu haben. Ohne uns darüber bewusst zu sein, projizieren wir unsere Angstthemen dann auf andere, fühlen uns als deren Opfer oder werden zu ihren Tätern. Oder wir versorgen uns mit dem Gefühl des Gebrauchtwerdens und mit Introjektion. Das bedeutet, wir übernehmen das Leid anderer, um uns von eigener unbewältigter Angst abzulenken. Menschen, die unbewusst so handeln, finden auch keinen Ausweg aus diesem Dilemma, weil sie ihn ganz einfach nie suchen. So wird ihr Leben immer brüchiger, ihre Ohnmacht immer größer und die Frustration, die sich daraus erwächst, ebenfalls.

Solange wir denken können, ist Angst ein menschlich-immanentes Erbe. Es existieren jedoch Hinweise aus der Evolutionsforschung, dass dies in der langen Geschichte der Menschheit nicht immer und nicht in jeder Kultur so war. Dass es eine Zeit gab, in der Menschen angstfrei lebten. So aber wie der Mensch heute tickt, sitzt Angst in seiner Identitätsstruktur, noch bevor ihm diese Identitätsstruktur überhaupt richtig klar ist. Dabei ist Angst, solange sie einer realen Bedrohung entbehrt, eine Illusion.

Der reine Angstreflex hat es nicht verdient, so überstrapaziert zu werden. Die Gründe für real unbegründete Angst und ihre Verstärkung sind vielfältig. Über Faktoren, die über mehrere Generationen gehen, werden ungünstige Denk-Stile und Fehlannahmen vermittelt. Wir sind gebrannte Kinder. Wir überschätzen bestimmte Gefahren oder verlieren uns in übermäßigem Sicherheitsdenken. Wir besitzen eine hohe Sensibilität für Peinlichkeit oder sind Kontrollfreaks. Der Geist des Gewesenen – sei es nun die Vergangenheit oder unsere Vorfahren – beeinflusst also schon den Geist der Zukunft. Wir müssen dem allerdings nicht zustimmen, sondern können uns daraus befreien, wenn wir es wirklich, wirklich, wirklich wollen. Denn der Geist des Gewesenen ist kein endgültiges Urteil, sondern nur eine Disposition. In jedem Fall aber stellt sie eine zu bewältigende Aufgabe für uns dar. Der Geist des Gewesenen hat keine Macht über uns, wenn wir ihm keine geben. Seinen realen Zustand erreicht er erst durch unsere Zustimmung und unser Dazutun.

Vom Moment unserer Geburt beginnen sich relevante Zustände zu formieren. Gehören Angst und Mangelzustände dazu, beruhen diese auf einer emotional-mentalen Verknüpfung. Über die rein gefühlte Ebene hinaus hinterlassen sie einen Abdruck im Mandelkern (in der Amygdala) des Gehirns. Emotional-mentale Verknüpfungen und ihre

Auswirkungen sind in dieser Welt allgegenwärtig und sichtbar. Sie sind Ausdruck von jenem großen Ungenügend, welches die Menschheit beherrscht. Ohne diese Angst, die einen Alarm im limbischen System auslöst, sähe das Leben völlig anders aus. Denn diese Angst, die sich da in einem winzigen Moment festbrennt, beeinflusst uns und unser Verhalten wesentlich. Jegliche emotional-mentale Verknüpfung dieser Art trennt uns vom Wunder des Lebens und damit von Gott ab. Ausgehend von dieser Abtrennung entwerfen wir einen Daseinsplan, mit dem wir uns durchs Leben bewegen. Bei diesem Plan handelt es sich um eine Art Landkarte im eigenen Land. Dabei kennen wir zu diesem Zeitpunkt unser Land noch gar nicht, sind uns aber unbewusst sicher, dass der Plan stimmt. Mit dieser fatalen Ausstattung schreiten wir weiter, werden größer und sammeln Markierungen auf unserem Daseinsplan. Lange bevor wir wirklich erwachsen sind, denn Erwachsensein ist eine rein körperliche Datierung, aber noch lange kein Beweis für Reife, haben wir eine fast fertige Lebenslandkarte entworfen, mit der wir durch unser eigenes Land gehen, wobei wir aber weder das Land noch die Landkarte wirklich kennen. Wir klammern uns an eine Landkarte, die es so gar nicht gibt, und das Leben soll uns diese Karte bestätigen. Eine höchst kuriose Angelegenheit. Doch das Leben schuldet uns weder die

Bestätigung für die Richtigkeit der Landkarte noch sonst irgendetwas. Das Leben ist ein Geschenk der Schöpfung und von unerhörter Abwechslung.

Diese Erkenntnisse sind wichtig, um die Bedeutung der eigenen Gefühle zu begreifen und einen neuen Umgang mit ihnen zu erlernen. Angst verhindert ein reiches Gefühlsleben nicht immer, kann es jedoch nachhaltig blockieren oder sabotieren. Nichts ist so gefährlich wie ein frühzeitig zerstörtes Gefühlsleben aufgrund massiver Ängste. Ein solcher Zustand richtet sich entweder gegen uns selbst oder gegen andere oder gegen uns selbst und andere, wenn nicht mit aller Kraft gegengesteuert wird. Die Sache mit der Angst geht aber noch viel weiter. Sie ist – ob rational begründet oder irrational – in letzter Konsequenz eine Abspaltung des Geistes vom Sein. Der Geist, der uns erkennen lässt, dass wir sind, wer wir sind und was wir sind. Ich spreche von Bewusstsein. Bewusstsein wird oft mit Denken verwechselt – »ich denke, also bin ich«, ist ja ein geflügelter Satz des Philosophen Renee Descartes –, hat aber nichts mit bewusster Wahrnehmung zu tun. In Wahrheit leben wir meistens unbewusst, sind aus der göttlichen Einheit gefallen und bekämpfen diese Einheit womöglich noch, wo immer wir können. Erst wenn wir uns bewusst zum Beobachter unserer Gedanken und Emotionen machen, sind wir unterwegs zu wahrem Bewusstsein. Und was ist nun dein nächster Schritt? Und welche Handlung, welches Verhalten resultieren daraus? Was setzt du in Bewegung, wo hältst du inne? Ist dein Handeln Folge einer wahrhaft bewussten Wahl?

Emotionalität kann man in Stufen unterteilen. In der ersten Emotionsstufe sind wir gelassen und gleichmütig, frei von Erwartungen, unsere Dynamik verweilt, ist aber einsatzbereit. In der zweiten, der annehmenden Stufe, sind wir erwartungsvoll, interessiert, freudig. In der dritten, der ablehnenden Stufe, stecken wir im Widerstand, sind ärgerlich, aufgebracht, grollen, sind trotzig oder wütend. In der vierten Emotionsstufe befinden wir uns im Rückzug, werden wir von Angst, Panik, Trauer oder Verzweiflung beherrscht. Diese vorletzte Stufe kann bis zur Erschöpfung gehen und mündet schließlich in einer Art Starre. Das ist die fünfte Stufe, die durch Antriebslosigkeit, Apathie, eine erloschene Dynamik, Ohnmacht und Resignation gekennzeichnet ist. In dieser Stufe sind wir ausgebrannt, depressiv und erschöpft. Emotionen, also Frequenzen, gleich in welcher Stufe, die stark und hoch ausschlagen, können sich auf andere Menschen übertragen. Deshalb sind Ausbrüche von Angst und Panik in einer Masse von Menschen so gefährlich.

Wir alle wurden mit dieser Gefühlsausstattung geboren. Dank unserer E-Motion, also unserer Energie in Bewegung, können wir auf ihr spielen wie auf einer Klaviatur, was Schauspieler ja tagtäglich beweisen. Wir atmen sie ein und aus. Alle unsere Befindlichkeiten basieren darauf. Es gibt eine Reinform des Gefühls, ein balanciertes Wohlfühlen, das wir irgendwo in den tiefsten Gründen unseres Bewusstseins erahnen können. Aber meistens werden sie in dem Moment, in dem sie an der Oberfläche unseres Bewusstsein-Sees auftauchen, zu einem Gemenge von eigenen Erfahrungen und von Mustern, die uns teilweise schon von unseren Vorfahren mitgegeben wurden. Zudem vermischt sich dieses Gemenge mit der damit verknüpften Mentalität, die uns sowohl vererbt als auch anerzogen wurde, eine Flut von Ansichten, Bewertungen und (Vor)urteilen, aus denen heraus auch fehlgeleitete Emotionen und Regungen wie Begierde, Maßlosigkeit, Neid, Rache, Selbstüberschätzung, Schuld, Trägheit, ungehemmte Triebhaftigkeit und die Unfähigkeit zu vergeben entstehen können. Gefühle, die sich mit mentalen Konzepten verbinden, sind verfälscht oder doch zumindest eingefärbt, weil es keine reinen Gefühle mehr sind. Man könnte sie deshalb auch als Sekundärgefühle bezeichnen, während es sich bei Gefühlen wie Angst, Freude, Trauer und Wut um Primärgefühle handelt. Gefühle, die sich ausdrücken oder in Bewegung kommen, sind jedoch immer emotional oder sogar affektiv. Man könnte auch sagen, dass sie immer einen Beweggrund haben, den wir uns allerdings kaum je bewusstmachen. Unmittelbares Fühlen ist für viele Erwachsenen deshalb oft sehr schwer oder sogar unmöglich. Einst als Babys haben wir unmittelbares Fühlen – zumindest auf das Selbstkonzept bezogen – erlebt. Wir fühlten uns entweder wohl oder unwohl, ruhig oder erregt, beschützt oder unsicher. Unser Befinden war gut oder eben nicht – aus welchen Gründen auch immer. Aus diesen Gefühlszuständen heraus verhielten wir uns lustvoll oder taten Unlust kund. Solange wir uns sicher fühlten, konnte selbst Unwohlsein unsere Vitalität und die daraus entspringende Dynamik nicht dämpfen. Fühlten wir uns munter, verhielten wir uns dementsprechend: nämlich wonnig-zufrieden, gicksend oder sogar jauchzend – je nach Temperament und Veranlagung. Ein Neugeborenes tritt durch seine Geburt mit einer jeweils eigenen Gefühlsausstattung in Erscheinung, die die Fähigkeit enthält, Freude, Furcht, Traurigkeit und Wut zum Ausdruck zu bringen. Gefühle und Emotionen sind jedoch, wie oben bereits ausgeführt, nicht identisch. Emotionen werden durch lebensnotwendige Bedürfnisse und Gefühle veranlasst, darüber hinaus aber stehen sie immer in Verbindung mit der Bewertung oder Reaktion auf den jeweiligen Bezugspunkt. Durch eine Emotion entsteht ein auf unserer Gefühlswelt basierender individueller Ausdruck, der jedoch eingefärbt ist, da wir, sobald unsere Energie ins Fließen kommt, bereits Beweggründe in uns tragen und transportieren. Emotionen werden sowohl durch Vorbilder/Prägung als auch durch unsere Entwicklung mitbestimmt. Sie sind sogar Teil unseres Erbes. Vor allem sind es Ausdrucksmuster, die wir uns angeeignet haben. Emotionen schließen sowohl das Denken als auch das Fühlen und Handeln mit ein. Sie können über eine Gefühlsüberreaktion bis zur Teilnahmslosigkeit gehen.

Obwohl von Anfang an ein fühlendes Wesen, muss ein Kind emotionalen Ausdruck und emotionales Verhalten erst einmal lernen. Emotionales Lernen beginnt schon vor der Geburt. Zum emotionalen Lernen gehören der Emotionsausdruck, die Emotionsregulation, das Emotionsverständnis, Emotionswissen und die Fähigkeit zur Empathie. Diese emotionalen Faktoren benötigen alle eine Gefühlsgrundfrequenz. Diese Gefühlsgrundfrequenz ist wie ein Trampolin, auf denen die Emotionen hüpfen, springen oder auch das Gleichgewicht verlieren können. Die Kindheit stellt für diese Entwicklung eine enorm wichtige Zeit dar. Denn ein Kind formt emotionale Erfahrungen aus der engen Beziehung zu seinen Bezugspersonen, guckt sie sich zum einen ab, formt jedoch auch gleichzeitig neue, um sich abzugrenzen. Geborgenheit und Verbundenheit mit seinen Bezugspersonen zu erleben, ermöglicht einem Kind, eine gute Basis für sein sich entwickelndes Selbstkonzept zu bilden und ein entwickeltes Bewusstsein zu entfalten. Ein gut entwickeltes Bewusstsein beinhaltet die Fähigkeit die grundlegenden menschlichen Emotionen sowohl in uns selbst als auch bei anderen wahrzunehmen. Diese Entwicklung ist nie abgeschlossen. Wir können sie immer weiter verfeinern, auch wenn die meisten von uns aus Bequemlichkeit lieber in ihren Komfortzonen verharren oder auf irgendeinem emotionalen Standpunkt stehenbleiben. Den Stretch, den eine sich extrem verändernde Welt erfordern würde, muten sich in Gänze die wenigsten zu.

Nichts ist so beharrlich, wie es emotional-mental verknüpfte Standpunkte sind. Wegen dieser emotional-mentalen Standpunkte drehen wir uns oft im Kreis – ob im Systemgetriebe der Welt oder im eigenen Hamsterrad. Hinzukommt, dass kaum jemand von fehlgeleiteten Emotionen frei ist. Nicht die Gefühlsgrundausstattung ist dabei das Problem, sondern die emotional-mentale Verknüpfung, die sich im Laufe des Lebens immer weiter verfestigen kann, wenn wir nicht bewusst an uns arbeiten. Emotionale Entwicklung ist für jeden Menschen von höchster Bedeutung. Denn unsere Emotionen motivieren unser Handeln, regulieren Interaktionen, steuern unseren Ausdruck, beeinflussen unser Denken und wirken sich in Form von Rückmeldungen auf uns aus. Lernen mit Gefühl bildet außerdem die

Basis für Selbstbewusstsein. Man kann das Ganze –
vor allem auch in der frühkindlichen Entwicklung –
nicht hoch genug einschätzen. Zwei Faktoren sind
dabei von herausragender Bedeutung: zum einen
emotionale Bindung und Geborgenheit – die unver-
zichtbaren Türöffner für den optimalen Gefühlsaus-
druck eines Menschen. Zum anderen Herausforderungen, die das Gehirn braucht, um sich entwickeln
zu können. Ein Baby benötigt dabei aber in jedem
Fall gefühlte Sicherheit, denn durch sie werden Erlebnisse und das beständige Weitererkunden der
Welt zu positiven Herausforderungen statt zu Bedrohungen. Im weiteren Verlauf unseres Lebens
entsteht aus dieser gefühlten Sicherheit Selbstsicherheit. Wird dies einem sehr kleinen Kind aus
irgendeinem Grund verwehrt oder ergeben sich aus
irgendeinem Grund gravierende Störungen, hat das
bestürzende Gefühlsmomente zur Folge, die neben
den vererbten Einflüssen das im Aufbau befindli-
che Selbstkonstrukt empfindlich deformieren und
traumatisieren können. Es ist enorm wichtig, dass
ein kleines Kind vertraute Personen um sich hat,
die es liebevoll annehmen, und dass es zum Ausdruck bringen darf, was es fühlt. Denn das ist die
erste Form der Verständigung zwischen der bereits
existierenden Gefühlswelt der Erwachsenen und
der sehr feinen des Kindes. Unsere Gefühle, die alle
miteinander verbunden sind und auf der Basis von

Verbundenheit beruhen, schwemmen, tragen, versenken unsere Erfahrungen vom ersten Moment an durch unser sich langsam konstruierendes Selbstkonzept, das man auch Werden nennen könnte. Das Grundgefühl der Verbundenheit, das bereits im Mutterleib vorhanden ist und unter anderem durch die Nabelschnur repräsentiert wird, hat, wie gesagt, eine Schlüsselposition inne. Ein Neugeborenes ist auf das Grundgefühl der Verbundenheit angewiesen, sonst stirbt es oder es kommt zu drastischen Fehlentwicklungen. Kinder, die Störungen im Verbundenheitsgefühl erleiden, werden Probleme mit Nähe zu anderen Menschen und dadurch weitergehende Probleme haben.

Die vier bekanntesten in uns veranlagten Gefühle – »Angst«, Wut, Traurigkeit und Freude – sind im Gesamtkontext von Verbundenheit positiv in uns angelegt und sorgen nicht wirklich für Probleme, solange sie auf eine zustimmende oder doch auf jeden Fall gleichmütige Gefühlsgrundfrequenz treffen. Bei einer ablehnenden Gefühlsgrundfrequenz können sie sehr schnell zu großen Problemen führen. Gefühle sind äußerst wirkungsvoll und ursächlich überlebenssichernd. Sie sind untrennbar mit dem Körper verbunden, auch wenn uns das oft nicht auffällt. All dies zu verstehen, ist wesentlich, deshalb führe ich es wiederholend aus. Wenn wir uns in einer düsteren Gefühlswelt aufhalten, aus der heraus Emotionen als komplexe Muster der Verdammnis auftreten, ist das Verständnis dafür möglicherweise lebensrettend. Es handelt sich um komplexe Muster, die physische Erregung, Gefühle, kognitive Prozesse und Verhaltensweisen in Reaktion auf eine Situation miteinschließen und aufgrund derer wir Erlebnisse, Situationen und uns selbst mittendrin als bedeutsam oder als eben nicht bedeutsam wahrnehmen. Selbst wenn uns Abgründe von ihr trennen, gibt es jenseits jeglicher emotionalen Verdammnis eine Gefühlswelt, die anders gemeint war und darüber hinaus stets mit dem Gefühlskosmos in Verbindung steht. Sich dies immer wieder zu vergegenwärtigen und Gefühle wertfrei anzunehmen, ist äußerst bedeutsam sowohl für das eigene Leben als auch für unser menschliches Miteinander.

Wir können die positivsten Gedanken hegen, die besten Affirmationen sprechen, die schnellsten Sprints hinlegen, solange sie sich nicht mit einer einigermaßen stabilen Gefühlswelt verbinden, bleibt alles nur Oberfläche. Wollen wir uns weiterentwickeln oder Blockaden und Verwicklungen in uns lösen, müssen wir in die tieferen Schichten in uns vorstoßen. Zu der Öffnung, die uns dies ermöglicht, können wir, wie bereits ausgeführt, durch gezieltes Innehalten gelangen. Indem wir durch diese Öffnung tiefer zu uns vordringen, kultivieren wir einen frischen Umgang mit den Gefühlen. Dadurch können wir uns fühlend selbst erkennen, andere Emotionen in Gang setzen und uns schließlich neu erfahren. Allerdings ist es dabei enorm wichtig, dass wir die Gefühle, die uns dabei begegnen, nicht beurteilen oder gar verurteilen. Die Bewertung der eigenen Gefühle, was sehr subtil geschehen kann, ist eines der größten Hindernisse auf dem Weg zu unserem wahren Selbst. Wir alle neigen dazu, Furcht, Trauer und Wut als negativ anzusehen, während wir hingegen Freude positiv betrachten. Das ist tückisch und zudem wenig förderlich für unser Selbst. Es gibt nämlich keine Hierarchie der Gefühle. Unsere Gefühle existieren in ihrer gesamten Vielfalt gleichberechtigt nebeneinander und wollen gefühlt, gesehen und gehört werden. Wir werden nicht in unsere Tiefen vordringen können, sondern oberflächliche Idioten bleiben, wenn wir nicht bereit sind, alle unsere Gefühle gleichermaßen anzunehmen, sogar wenn sie sich vor uns verborgen halten oder uns düster erscheinen. Unsere Gefühlsoberfläche lässt sich mit dem Mond vergleichen. Wir sehen nur seine beleuchtete Seite, während sich die dunkle Seite des Mondes unserer unmittelbaren Sicht entzieht. Und doch wissen wir ganz genau, dass sie da ist. Prozesse des Bewusstmachens und Innehaltens öffnen uns für uns selbst und für mehr Liebe, auch für andere Menschen. Der zu- und abnehmende

Mond ist ein ganz einzigartiges und wundervolles Symbol für diese sich immer wieder anbahnenden und abflauenden Möglichkeiten unseres Lebens. Der einzige natürliche Satellit, den die Erde besitzt, steht mit ihr in einer immerwährenden Wechselwirkung. Ganz gleich, welcher Rasse, Nationalität, Religion oder Gemeinschaft wir angehören, unsere Gefühlswelt wird von einigen grundlegenden Gefühlen bestimmt, die letztlich untrennbar miteinander verbunden sind.

BEKLEMMUNG, ENGE, HEMMUNG, PANIK, UNRUHE (ANGST, ELEMENT ERDE)

Echte Angst ist eine Reaktion auf eine unmittelbare Bedrohung oder Gefahr. Um unser Überleben zu sichern, wird der Körper in Alarmbereitschaft versetzt. Diese Art der Reaktion tritt ohne unser Zutun auf allen Ebenen unmittelbar und gleichzeitig auf. Um das Nervensystem so rasch wie möglich zu aktivieren, werden massenhaft Stresshormone ausgeschüttet. Die Wahrnehmung verengt sich. Die Aufmerksamkeit richtet sich auf die gefahrenrelevanten Reize. Diese Reaktion läuft automatisch ab und führt zu einem Fluchtreflex oder zu Kampfbereitschaft. Was unser Überleben betrifft, kann das höchst sinnvoll sein, denn es geht dabei oft um Sekunden. Um aus der Gefahrenzone zu entkommen, müssen wir blitzschnell anspringen und zu körperlicher Höchstleistung auflaufen. Während der Schreck uns vor unüberlegtem Handeln bewahrt, bringt uns der Fluchtreflex in meisterhafte Bewegung. Angst ist in ihrem biologischen Ursprung also ein Geschenk des Himmels. Redewendungen, wie »starr vor Schreck« oder »die Beine in die Hand nehmen«, belegen diese Funktion der Angst. Der Instinkt eines Menschen kann so ausgeprägt sein, dass er eine Bedrohung wahrnimmt, noch bevor sie sich zeigt, was ihm Handlungsspielraum eröffnet. Durch die Ausschüttung von Hormonen, vor allem von Adrenalin, werden wir hellwach und viel leistungsfähiger, als wir es ohne diesen Schutzmechanismus jemals wären. Es ist eine wunderbare Anpassungsleistung des Organismus. Unser Angstpotential sensibilisiert uns dazuhin. Wir können Gefahr ahnen, riechen oder wittern, noch ehe wir sie erblicken oder hören. Wir können in einer Form reagieren, die uns unter gewöhnlichen Umständen nicht möglich wäre. Ist die Gefahr vorüber, setzt Entspannung ein. Das heißt, die Kraft- und Energiereserven bauen sich wieder auf. Der Stress hat uns gefordert, aber er hat uns nicht geschadet. Angst ist also ein Überlebensmechanismus. Anders verhält es sich bei ständigem Stress, womöglich noch unbewusstem. Was wir heute in unserem ganz normalen Leben als Angst empfinden, ohne ständig bedroht zu sein, ist kein Gefühl. Das klingt paradox,

weil ja gerade Angst heftige Gefühle wie beispielsweise sich eingeklemmt fühlen, Enge, Hemmung,
Panik oder Unruhe in uns hervorruft. Tatsächlich
aber handelt es sich dabei um eine Wahrnehmung.
Wir befürchten, dass etwas eintreten könnte oder
beunruhigen uns über etwas, das schon vorüber ist.
Diese Form der Angst lauert vor allem latent im
Unbewussten und hat mit unseren kognitiven Emotionen zu tun. Wir sollten uns nicht gegen sie auf-
lehnen, wenn sie uns bewusstwird, sondern sie wie
eine gute Freundin begrüßen, denn sie führt uns vor
Augen, wie abgetrennt wir von uns selbst und dem
Hier und Jetzt sind. Sie fordert uns auf, genauer
hinzuschauen, unser konditioniertes Selbstbild zu
beleuchten, es zu überwunden und zu unseren wahren Gefühlen zu finden.

DYNAMIK/WUT (ELEMENT FEUER)

Niemand wird sich an die erste Bewegung seines
Lebens überhaupt erinnern, denn sie findet bereits
im Mutterleib statt. Etwas treibt uns an, etwas regt
sich in uns. Wir wollen auf eigenen Beinen stehen
und gehen, die Welt zu erkunden, unseren Willen
durchsetzen. Je selbstständiger wir werden, desto
mehr bekommt unsere dynamische Kraft ihren eigenen Kopf und Willen. Eine Erregung, die stärker ist
als wir selbst, bemächtigt sich unser und provoziert
irgendwann in der frühen Kindheit unser erstes

Nein! Wir können nicht anders. Wir sind wütend. Wir regen uns auf. Es muss heraus. Unser Wille geschehe und nicht der Wille dieser Riesen um uns herum. Unser Wille wächst. Dabei stoßen wir immer wieder an unsere Grenzen. Die Zeit steht still. Doch da wir es sind, die sich in der Zeit bewegen und die zugleich die Zeit bewegen, fokussieren wir uns rasch wieder neu. Wut verleiht Kraft und Mut. Wir müssen nicht immer nur brav und in der Einheit mit Mama und Papa sein. Nein! Nein! Nein! Wir halten dagegen. Wir wollen schließlich auch wer sein. Wir wollen und wehe, es wird uns verweigert. Jedes Nein ist ein Ja zu uns selbst, da sind wir uns sicher. Es geht weiter. Wir sammeln neue Kraft. Wachsende Dynamik. Das Auftreten dieser Kraft, die ihre Macht übt und übt und übt, ist eine Herausforderung für alle Beteiligten. Willensbildung ist angesagt. Das Wort Dynamik stammt aus dem Griechischen und ist ursprünglich eine Maßeinheit für Kraft. In ihrer höchsten Ausformung ist diese Triebkraft reine Ekstase, in ihrer niedrigsten Ausformung blanke Wut. Als Kleinkinder trainieren wir diese Dynamik ohne jeden Vorbehalt. Mögen wir auch noch so klein sein, keiner darf und soll uns aufhalten. Es wurde uns in die Wiege gelegt. Wir sind angetreten, die Welt und uns selbst zu erobern. Wir sind in einer unendlich langen Reihe von Ahnen ein/e Überlebenskünstler/in, ein/e Gewinner/in.

Wir können alles schaffen. Wir sind unbezwingbar. Wir testen es spielerisch. Wir brüllen, was das Zeug hält, bis den anderen die Ohren klingeln. Sollen sie ruhig hören, wer wir sind. Sollen sie ruhig mitkriegen, wie lange wir die Luft anhalten können. Sollen sie ruhig sehen, wie wir mit dem Kopf gegen die Wand rennen. Wenn wir verlieren, haben wir es kurze Zeit später schon wieder vergessen, obwohl etwas nicht zu bekommen, uns kurzfristig ziemlich aufgeregt hat. Wie das endet? Wir wissen es. Wir durchlaufen diese Phase wie jedes andere Kind vor uns auch. Hin und wieder werden wir zu unserem eigenen Schutz ausgebremst. Ungebrochener Wille, ungebremste Kraft. Wut entlädt sich als dynamische Kraft, die kein Halten kennt. Das heißt, dass sie bis zur Erschöpfung gehen kann. Wir müssen wollen dürfen. Wir müssen »Nein« sagen dürfen, aber wir brauchen trotzdem Halt und Verständnis. In einem liebevollen Miteinander wird uns deshalb Halt gegeben, damit wir uns wieder beruhigen können. Sowohl zu wenig als auch zu viel Wut tut nicht gut. Wut ist ein Widerstandsbarometer.

Traurigkeit (Element Wasser)

Sich in die Wellen stürzen, schwimmen lernen. Babys können das. Sie wollen aber nicht nur schwimmen, sondern alles, wirklich alles lernen, was es zu lernen gibt, um frohgemut durchs Leben zu schreiten. Ein kleines Menschenkind strampelt, greift, robbt, krabbelt sich durch Raum und Zeit, bevor es auf eigenen Beinen steht, herumgeht und die Welt erkundet. Begreifen, entdecken, erforschen, erleben, vergleichen und sich dabei über sich selbst freuen - das ist die erste Aufgabe unseres Lebens. Wir folgen ihr unaufhaltsam. Unser Selbstkonzept beginnt, sich zu bilden. Wir müssen uns erfahren, um begreifen zu lernen. Zum Selbstkonzept gehört, dass ein Mensch weiß, was er kann und was er nicht kann. Wird uns dies in einem geschützten Rahmen von Geburt an ermöglicht, können wir nicht scheitern, sondern nur wachsen. Grenzen sanft auszuloten, ist etwas vom Besten, was uns das Leben zu bieten hat. Gesunde Eltern und eine gute frühkindliche Pädagogik erfassen dies und erlauben, innerhalb abgesteckter Grenzen so viele Erfahrungen wie möglich zu sammeln, auch wenn diese manchmal schmerzen. Auf diese frühen Erfahrungen und unser Wachsen reagieren wir – abhängig von Veranlagung und Umfeld – mehr oder weniger stark mit Wohlgefühl oder auch mit Unwohlsein, was wir wiederum auf verschiedenste Art und Weise zum Ausdruck bringen. Es kann sich sowohl in Behaglichkeit äußern als auch in Lebhaftigkeit, aber auch in Kummer und Traurigkeit. Denn nicht alles ist und gelingt so, wie wir gernhätten. Wir messen Dingen und Ereignissen Relevanz und Wert zu. Die Bandbreite ist groß.

Mancher Schnuller geht verloren. Manchen Teddy müssen wir loslassen. Noch dazu ist kein Kind wie das andere. Manche jauchzen früh in den höchsten Tönen, andere sind einfach nur still und zufrieden. Alle weinen, wenn sie sich unwohl oder traurig fühlen. Die einen tun das leise und eher wimmernd, die anderen lautstark und heftig. Manche protestieren sogar schon sehr früh oder schreien das halbe Haus zusammen. Jeder Mensch aber beginnt mehr und mehr das Spielfeld des Lebens auszuloten und benimmt sich dabei seiner Veranlagung, seines Temperaments und seiner Sensibilität entsprechend. Selbst wenn er sich gut fühlt, keine Schmerzen verspürt und auch sonst keine größeren Probleme hat, kann sich in einem Menschen Traurigkeit ausbreiten. Traurigkeit ist eine Form von Durchlässigkeit, die uns weich und flexibel hält. In ihrer reinsten Form ist Traurigkeit vollkommen durchlässig. Sie strömt einfach durch uns hindurch, so wie Tränen ungehemmt aus uns herausfließen. Traurigkeit steht für Empfindungsfähigkeit, Einfühlungsvermögen, für die Vergänglichkeit des Lebens, die Zerbrechlichkeit des Glücks. Wir trainieren diese größeren Themen, die uns gänzlich aus der Bahn werfen können, anhand kleinerer Themen und über eine ganz feine Wahrnehmung, die uns, sobald wir uns von Einheit, Harmonie oder Liebe getrennt fühlen, Signale sendet. Das sind zunächst einmal nur Gefühlssignale, dass irgendetwas nicht so ist, wie wir es uns wünschen würden. Trauer lehrt uns, dass das Leben nicht nur ein Wunschkonzert ist. Traurigkeit ist ein Barometer für Resilienz.

Freude (Element Luft)

Das Schönste ist, wenn sich ein Mensch freut und lacht. Freude ist unser aller Ziel und ein starker Motor. Trotz allen epigenetischen und mentalen Vorbelastungen seitens unserer Ahnen, die insbesondere die deutsche Mentalität maßgeblich beeinflussen, wurde uns Freude als luftiger Antrieb in die Wiege gelegt. Selbst der traurigste Mensch kennt das Lachen. Es ist ein Gefühl, das so tief ist, dass es keinen Grund kennt. Ein Gefühl, das zunimmt statt ab, wenn wir es teilen. Es ist wie ein Ozean des Glücks, auf dem Schaumkrönchen tanzen, das Lachen perlt und in dessen Wellenrauschen unser Geist zur Ruhe kommt. Freude ist offen wie das weite Meer und grenzenlos wie das Weltall, in dem wir uns befinden. Freude ist der Sprit, der unseren Gefühlsmotor antreibt. Das Licht, das die Blume erblühen lässt. Freude ist verschwenderisch. Ohne Freude verknöchern wir, werden vor der Zeit alt und starr oder gehen zugrunde. Ein Leben ohne Freude ist wie ein langsamer Erstickungstod. Freude ist der Sauerstoff der Seele. Finde Freude und du findest und verlierst dich zugleich. Die Dualität ist aufgehoben.

Eine wildfremde Frau spricht mich auf dem Coachingwochenende an. Sie fragt mich, was mich veranlasst habe, teilzunehmen. Weil ich zu sehr in meinen mentalen Konzepten gefangen sei, antworte ich. Sie blickt mich erstaunt an und erwidert überrascht: »Ich erlebe Sie hier als die gefühlsbetonteste Frau, die mir je begegnet ist.« Ich bin vollkommen verdutzt über diese Antwort, nehme diesen Satz jedoch wie ein Mantra mit aus diesem Wochenende. Bin ich tatsächlich so gefühlsbetont?

Manche Menschen tun sich leichter mit Transformation, andere schwerer. Ich bin ein Fan von Transformation. Die Kunst, sich zu wandeln oder doch zumindest die Perspektive zu wechseln, ist eine große Kunst. Menschen, die sich neu erfinden können, sind faszinierend. Dennoch stehe ich forcierter Veränderung, wie sie viele Methoden und deren Anwender versprechen, eher skeptisch gegenüber. Erstens hat alles seine Zeit. Zweitens ist Veränderung etwas, das man einfach zulassen muss, dann geschieht sie mühelos und so gut wie von allein. Forciert man sie, ist es wichtig, keine wesentlichen Schritte auszulassen, sonst kann leicht das Gegenteil von dem eintreten, was ursprünglich beabsichtigt war. Jeder Mensch hat seinen Platz im Leben. Wer wegen Transformation Widerstand gegen seine derzeitigen Umstände und Umwelt aufbaut oder souffl*iert bekommt, den alten Platz gegen einen neuen zu tauschen, womöglich noch gegen einen Platz in der Organisation, Gemeinschaft oder Gruppe, in der er sich gerade befindet, sollte höchst alarmiert sein, denn persönliche Weiterentwicklung ist eben auch ein Geschäftsmodell und ein lukratives noch dazu. Zudem ist Manipulation allgegenwärtig in dieser Welt und die alten hierarchischen Strukturen sind es ebenfalls. Quer zu laufen, kann hilfreich sein, ist aber noch keine eigene Wegstrecke, sondern bedeutet zumeist einen Umweg. Transformation ist in jedem Fall ein Prozess, eine Art lebenslange Übung, die vieles einschließen kann, aber nichts ausschließen sollte. Das zu verstehen, ist wichtig, um nicht in die Irre zu laufen. Umwege erhöhen zwar die Ortskenntnis, können aber auch Verwirrung stiften und uns an Stellen festzurren, die gar nichts mit uns zu tun haben, sondern nur den Absichten anderer dienen. Transformationscoaching wird weitgehend wirkungslos bleiben, wenn ich gar nicht ernsthaft vorhabe, mich zu verändern, oder erst einmal bestimmte Voraussetzungen geschaffen werden müssen, damit meine Wandlung überhaupt gelingt.

Ich bleibe bei allem, was ich tue oder nicht tue, fleißig am Ball, das Fühlen zu üben. Das Wochenende hat nicht die geplante Erlösung gebracht, sondern nur an der Oberfläche gekratzt. Ich bin mir sicher, dass fühlendes Bewusstsein das A und O beim Ausstieg aus der Mangel-Haft ist. Es kommt jedoch anders, als ich erwartet hatte. Anstatt mich in meine Wunschzukunft hineinzufühlen, spüre ich plötzlich ganz deutlich, dass ich mich ständig auf der Flucht befinde, obwohl ich gar nicht auf der Flucht bin. Mein Körper, dieses fühlende Wesen ist in ständiger Alarm- und Fluchtbereitschaft, was ich bislang nicht registriert hatte. Ich nehme wahr, dass dieses ständige Fluchtverhalten in jeder Zelle sitzt, meinen Herzschlag beschleunigt, ihn manchmal sogar aus dem Takt bringt, vermutlich meinen Blutdruck erhöht – kurzum, mich im Ganzen stresst. Noch dazu ist es eine starre Fluchtbewegung, denn sie ist auch da, während ich ruhe. Die Einsicht überwältigt mich. Völlig verblüfft frage ich mich selbst: »Wovor fliehst du und geht es noch anderen wie dir?« Die Antwort bleibt aus. Aber mir werden das Ausmaß und die damit verbundenen gesundheitlichen Gefahren bewusst, die damit einhergehen. Und ich erinnere mich an meine Vorfahren, die immer wieder auf der Flucht waren. Gleichzeitig habe ich nicht den blassesten Schimmer, wie ich meinem Gefühlskörper das abgewöhnen soll. Ich weiß nur, dass ich mein Herz zu lange mit einer negativen Einstellung konfrontiert und mit Überspannung malträtiert habe. Da angelangt realisiere ich plötzlich, dass hinter jedem Erwartungsdruck – sei es beruflich, persönlich oder spirituell – ein Urteil steht, das ich über mich selbst verhängt habe. Verflixt! Ich selbst produziere die Fluchtstimmung, der ich entkommen möchte. Ein Widerspruch in sich, den ich nicht auflösen kann, da ich selbst im Zentrum des Widerspruchs stehe. Fliehe ich also vor mir selbst? Ja und nein. Eine fruchtlose Flucht, denn vor sich selbst kann man schließlich nicht fliehen, und dennoch definitiv spürbar – bis hin zu körperlichen Auswirkungen. Da ich das Produkt meiner eigenen Vorstellung bin – sowohl von mir selbst als auch der, die ich gebe, fliehe ich also vor der Vorstellung, die diese Vorstellung ermöglicht. Das ist verrückt.

Ich rekapituliere alles Erlernte meines Lebens, suche im Labyrinth meines Bewusstseins nach dem roten Faden, der mich hinausführt. So viel steht fest: Ich bin. Ich existiere. Und ich weiß, um zu mehr Klarheit hinsichtlich dieses tiefsitzenden Fluchtverhaltens zu gelangen, müsste ich alle Bewertungen und Urteile aufgeben. Doch davon bin ich weit entfernt. Ich sitze im Gefängnis meiner eigenen Verurteilungen. Ich lehne mich zurück und spüre: Alles ist unauflösbar miteinander verbunden. Sämtliche körperlichen, emotionalen und rationalen Abläufe beeinflussen sich gegenseitig.

*Das Herz hat Gründe, die weder der Bauch
noch der Verstand kennen*

08 | HYMNE AUF DAS HERZ

Nichts lehrt uns mehr über uns selbst als unsere Gefühle. Und im Mittelpunkt des Fühlens steht das Herz. Es ist das Zentrum und zugleich die höchste Instanz unseres Gefühlskörpers.

Physiologisch betrachtet, entspricht unser Herz einer Pumpe aus Fleisch und Blut, die zwischen Lungen, Zwerchfell und Brustbein in der Mitte des Atems sitzt und unser Blut in einem Kreislauf durch den Körper pumpt. Pro Minute befördert das Herz rund fünf Liter Blut. Im Laufe eines Lebens schlägt es rund drei Milliarden Mal und transportiert dabei 2050 Millionen Liter Blut durch unseren Körper. Das ist eine unglaubliche Leistung. Noch dazu geschieht dies absichtslos und funktional zugleich. In der Anspannungsphase (Systole) pumpt der Herzmuskel Blut in den Lungenkreislauf und in den Körper – in der Erschlaffungsphase (Diastole) füllen sich die Herzkammern wieder mit Blut. Die Systole, die die Pumpleistung des Herzens beschreibt, bestimmt den Puls und die Pulsamplitude. Psychophysisch wird bei diesem Vorgang der Brustraum geweitet. Was starr ist, kommt in Bewegung, insbesondere das Brustbein. Das Zusammenziehen des Herzens erfolgt durch elektrische Erregungen, die im Sinusknoten, einem natürlichen Schrittmacher, gebildet werden. Dabei reitet das Herz auf dem Atem, der es am Leben erhält. Die Abläufe dieses Geschehens sind exakt aufeinander abgestimmt. Man spricht deshalb von Kohärenz. Durch neuronale Botschaften synchronisiert der kohärente Herzrhythmus die zwei Äste des autonomen Nervensystems, den Sympathikus und den Parasympathikus. Die Feinjustierung erfolgt über Hormone und Neurotransmitter. Die Reaktionen des Herzens beeinflussen unseren gesamten Organismus. Die Herzfunktion ist also weit mehr, als uns bewusst ist. Auch im Zusammenspiel der Hormone hat das Herz eine wichtige Rolle. Die Forschung nennt es, »die Zügel in der Hand halten«, was den Hormonkreislauf betrifft.

Werden durch Reaktionen auf die Umwelt oder unsere eigenen Gedanken und Gefühle Stresshormone ausgeschüttet, ist die Folge davon Inkohärenz. Die Abläufe von Herz und Gehirn sind dann nicht mehr aufeinander abgestimmt. Dieser Zustand kostet uns eine Menge Energie. Energie, die uns dann nicht mehr anderweitig zur Verfügung steht. Herz und Kopf sind über das vegetative Nervensystem miteinander verbunden. Konkret bedeutet das, dass beunruhigende, bittere oder gar hasserfüllte

Gedanken unser Herz in Mitleidenschaft ziehen, da das Neuronen-Netzwerk des Herzens auf diese emotionalen Hirnbotschaften antwortet. Das Herz ist also weit mehr als eine Pumpe, mehr als ein Emotionsträger und mehr als ein Lebensmotor. Das Herz ist das Ein und Alles des Gleichgewichts. Ist das Herz aus dem Lot, ist der ganze Mensch aus den Fugen. Das Herz verdient deshalb weitaus mehr Aufmerksamkeit, als wir ihm im Allgemeinen zugestehen.

Alle drei, Bauch, Herz und Kopf, sind erinnernde Zentren, doch die Schaltzentrale ist das Herz. Es ist als pulsierendes, lebendiges Organ der Ort, der alle menschlichen Gefühle in sich vereint und dabei zugleich die zeitlose und freie Verbindung zum Seelischen aufrechterhält. Es spiegelt die Beziehung zu unserer Gefühlswelt und unserem Geist wider. Es ist das Portal zur Seele. Und damit ist es unser Hauptimpulsgeber. Bis heute gibt der Impuls, der unseren ersten Herzschlag bereits im Mutterleib in Gang setzt, der Wissenschaft Rätsel auf. Wir können diesen Impuls weder willentlich noch mental steuern. Er liegt, so könnte man sagen, außerhalb unseres Wollens und doch innerhalb von uns selbst. Einerseits haben wir keinen Einfluss auf diesen Impuls, andererseits wird er aber erst in und durch uns wirksam. Dieser Impuls repräsentiert den Tanz des Herzens mit der Seele. Denn der Impuls, der unser

Herz zum Schlagen veranlasst, erfolgt aus der Quelle des Seins. Über diesen Impulsgeber ist das Herz mit der Ewigkeit verbunden. Das ist aber noch nicht alles. Forscher haben herausgefunden, dass das Herz, ebenso wie der Darm, ein eigenes Netzwerk aus etwa 40.000 Neuronen enthält. Zahlreiche Nervensignale werden mit jedem Herzschlag über das vegetative Nervensystem in den Körper weitergeleitet. Dieses Netzwerk nimmt eigenständig wahr und reagiert auch auf das Wahrgenommene, ohne dass wir darauf willentlich Einfluss haben. Dabei spürt und lernt es schneller, als wir denken oder reagieren können. Anders ausgedrückt: Unser Herz fühlt verbunden mit seinen Netzwerken schneller als unser Kopf schaltet. Es ist das erinnernde Zentrum mit der größten Reichweite vor allen anderen. Das Herz ist ein schöpferisches Zentrum mit tiefgreifenden Auswirkungen auf die menschliche Biologie. Was wir tief im Herzen fühlen, wirkt sich elementar aus. Der Raum unseres Herzens ist in diesem Sinne ein Raum, in dem sich alles vereint. Sind wir von Dankbarkeit, Freude, Fürsorge, Güte, Inspiration, Liebe, Mitgefühl, Vergebung und/oder Wertschätzung erfüllt, weitet sich dieser Raum, wir strahlen mehr Wärme und Zentriertheit aus, fühlen uns ausgeglichener und letztlich auch wohler. Den meisten Menschen ist nicht bewusst, dass mit jedem Herzschlag Informationen zum Gehirn gelangen.

Forschungen belegen, dass das Herz sowohl direkt mit dem emotionalen Teil des Gehirns agiert als auch mit dem Körper kommuniziert. Das Herz ist also der Dirigent und hält damit das Zepter des Selbstkonzepts in der Hand.

Wer sein Herz vergisst, vergisst sich selbst, weil er die Verbindung, die ihn zu seiner Seele führt, außer Acht lässt. Das Herz macht die Musik, die uns erinnert und beschwingt. Hört ein Mensch auf sein Herz, dann hört er den reinen Klang seiner selbst.

Solange es unermüdlich schlägt, solange es uns keinen Kummer bereitet, schenken wir ihm jedoch kaum je Beachtung. Gerade weil es den Mittelpunkt des Lebendigen darstellt, erregt das Herz nämlich nicht automatisch unsere Aufmerksamkeit. Allein daran kann man erkennen, wie entfernt wir von der **Kraft des bewussten Fühlens** sind, wie wenig wir unsere Verbundenheit mit der Seele wirklich spüren. Erst wenn das Herz plötzlich aus dem Takt gerät, schwächelt oder gar einen Infarkt erleidet, sind die meisten von uns alarmiert. Alles Leben, alle Kraft und Frische eines Menschen hängen von seinem Herzen ab. Das Herz ist der Motor des Lebens. Wer jemals einen Schicksalsschlag erlebte oder einfach ein gutes Gefühl für sich selbst hat, weiß, wovon ich spreche. Ein Mensch, der wahrhaft fühlt, ist seinem Pulsschlag nahe. Das Herz, ein Seismograf unserer Gefühle und unseres verkörperten Lebens.

Es arbeitet absichts- und bedingungslos. Es dient einer höheren Absicht, weil es unabhängig von unserem Selbstwillen mit dieser höheren Absicht verbunden ist. Im Gegenzug sind unsere Vorhaben, unsere hochfliegenden Pläne, unsere Ideen und Gedanken für das Herz nur dann von Belang, wenn sie sich mit unserer Gefühlswelt und unserem Tun und Lassen verbinden. Weshalb? Liebevolle Emotionen enthalten Schwingungen oder besser gesagt sind Schwingungen, die unser Herz beflügeln. Wiederum versetzt ein beflügeltes Herz uns in eine wundervolle Stimmung. Gefühle erzeugen magnetische Schwingungsfelder, Gedanken elektrische Schwingungsfelder, die sich in unserem Pulsschlag verbinden. Treffen Energiewellen auf gleiche Schwingungen entsteht ein Resonanzfeld, das uns zum einen mit uns selbst eint und zum anderen mit einer Frequenz des Wunderbaren synchronisiert. Unser Herz ist der Schlüssel zu dieser Erfahrung, denn das elektromagnetische Feld des Herzens ist, wie man heute weiß, um ein Vielfaches größer als das des Gehirns. Wir können eine höhere Schwingungsfrequenz also weder herbeireden noch erdenken, sondern uns ihr nur mit ganzem Herzen hingeben. Wir können sie erfühlen und durch positive, emotionale Gedanken zusätzlich verstärken.

Das Herz spricht eine Sprache, die jenseits von Bildung liegt. Unter jemandem, der das Herz am rechten Fleck hat, verstehen wir einen Menschen, der freundlich ist und beherzt eingreift, wenn es erforderlich ist. In der Regel findet sich bei allen Menschen mit dem Herz auf dem rechten Fleck eine große Tugend. Es sind Menschen, die Dankbarkeit verspüren und aus dieser Dankbarkeit heraus hilfsbereit und mitfühlend handeln. Unser Herz lehrt uns – und sei es in allerletzter Minute –, dass wir keine gefühllosen Wesen sind – mögen wir uns auch grausamer als jedes Tier verhalten haben und kälter gewesen sein als eine scharfe Klinge, die in Eis getaucht wurde – im Augenblick des Todes hebt sich das alles auf. Nur noch das Menschliche zählt.

Der herrschende Monsterball auf Erden, der die Folge von Traumatisierung ist, die sich durch die Menschheitsgeschichte zieht wie ein roter Faden, belegt es allzu deutlich. Viele haben die Wahrheit ihres Herzens vergessen. Denn wer diese Wahrheit wirklich begreift, wird dem eigenen und – in einem nächsten Schritt – auch keinem anderen Herzen mehr Schaden zufügen wollen. Um das zu erfassen, braucht man keinen brillanten Verstand. Ganz im Gegenteil, Herzensbildung ist unter sogenannten Kopfmenschen oder Menschen, die sehr stark ihrer instinkthaften Natur folgen, seltener als anderswo. Wer aber das Herz und dessen Wahrhaftigkeit vergisst, riskiert sein Leben. Wer sein Herz, an dessen Gesundheit und Wohlergehen unser Leben hängt, erst durch massive gesundheitliche Störungen oder enorme emotionale Belastungen bemerkt, hat etwas Wesentliches im Leben übersehen. Solange es lautlos und unermüdlich seinen Dienst verrichtet, nehmen wir es nur bei körperlicher oder emotionaler Anstrengung wahr. Dabei registriert es jede Empfindung und nimmt jede Form von Stress zur Kenntnis. Für das Herz ist ein Ungenügend ohne jegliche Bedeutung – es sei denn, wir stressen uns emotional-mental damit. Wenn wir uns dafür verurteilen, nicht gut genug zu sein oder das Gefühl haben, im Mangel zu leben, geraten wir unter Daueranspannung und damit unter Stress. Durch Stress und die Anspannung, die er auslöst, verengen sich wiederum unsere Gefäße. Dann muss das Herz das Blut mit höherem Druck durch den Lungenkreislauf und den Körper pumpen. Das wiederum hat Auswirkungen auf die Herzfrequenz. Anhaltende Gefühle der Angst, Sorge, Verzweiflung und Wut führen ebenfalls zu Stressreaktionen wie sie unter der biologischen Furchtreaktion auf eine Gefahr beschrieben sind und entfalten deshalb eine vergleichbare Negativwirkung auf unser Herz. Alles ist untrennbar miteinander verbunden. Weder Daueranspannung noch schlechte Gefühle bleiben ohne Auswirkung. Dennoch wird das wichtigste Organ unseres Körpers als Selbstverständlichkeit betrachtet. Noch seltener ist uns gegenwärtig, dass das Herz einen Auftrag hat. Dieser Auftrag lautet Liebe. Nicht umsonst gilt das Herz von jeher in allen Kulturen der Welt als das Organ, das die Liebe symbolisiert. Halbherzig steht für schwankendes Verhalten und Widersprüchlichkeit. Wem ein Stein vom Herzen fällt, dem ist mit einem Mal leichter zumute. Wer eine Mördergrube daraus macht, sagt nicht, was er meint, denkt nicht, was er sagt, und verhält sich auch nicht so, sondern hält etwas zurück. Wenn der Mund überläuft, weil das Herz voll ist, sind wir vor Begeisterung, Freude oder Liebe mitteilsam bis zum Abwinken. Wer sich etwas allzu sehr zu Herzen nimmt, belastet sich. Das Herz ist das A und O unserer Gefühlswelt. Erlauben wir unserem Herzen, Liebe zu leben, geben wir uns selbst die Erlaubnis, frei zu sein, um mit der Seele zu tanzen. Es ist die Aufgabe eines jeden Menschen, diesen Herzensauftrag zu erfüllen. Das ist sozusagen heilige Pflicht. Wer sie nicht erfüllt, hat sein Leben nicht wirklich gelebt. Liebe dein Herz und dein Herz liebt dich.

HERZATEMÜBUNG:

Atme dreimal tief ein und wieder aus. Vermeide dabei jede Hektik. Stattdessen ganz bewusst in den Brustkorb atmen. Sich auf die Atmung konzentrieren. Nach dem Ausatmen kurz pausieren, bis der Körper von sich aus weiteratmen möchte.

Denke an dein Herz, während du langsam und tief weiter ein- und ausatmest. Beobachte und spüre dein Herz liebevoll.

Ruhig weiteratmen. Dabei auf alles achten. Kannst du Wärme und Weite in deiner Brust wahrnehmen? Welche Gefühle breiten sich in dir aus? Du kannst das unterstützen, indem du an jemanden oder etwas denkst, den/das du liebst.

Gönne dir diese kleine Atempause so oft wie möglich. Gönne sie dir vor allem dann, wenn dich Angst ergreift, sich Traurigkeit in dir breit macht oder Wut überfällt.

Wer rasch und ohne großen Aufwand die Herzensebene aktivieren möchte, kann das auch durch wiederholtes Abrufen eines inneren Bildes erreichen. Schließe die Augen und stelle dir beispielsweise eine goldene Harfe vor, deren Saiten du berührst und in leichte Schwingung versetzt. Lass das, was von diesen Saiten ausgeht, in dein Herz einströmen.

Wenn du lernst, mit deinen Schatten zu tanzen,
tanzen sie mit dir ins Licht.

09 | SCHATTEN

Könnten wir es nur zulassen, würde uns die fantastische Gefühlsausstattung, die uns von der Schöpfung
zuteilwurde, von Kindheit an wunderbar durchs Leben tragen. Fühlen ist, wenn wir es wirklich, wirklich tun, ein Leitsystem, auf das Verlass ist. Je stärker
ein Mensch sich selbst fühlend wahrnimmt, desto
lebendiger fühlt er sich und desto weniger wird er
sich in die Irre führen lassen.

Fühlen ist nichts Begrenztes und Begrenzendes.
Es will sich ausdehnen. Dafür hat uns die Schöpfung ein mächtiges Antriebsmittel geliefert – die
Freude. Wir suchen immer Glück und Freude, denn
wenn wir glücklich sind, erleben wir die sonnige Seite der Gefühlswelt und das erinnert uns daran, wer
wir wirklich sind. Wenn wir tief uns hineinfühlen,
wächst aber auch unsere Einsicht ins Nichtgefühlte,
in die Enge, die Starre, in das, was wir unterdrücken,
weil wir es nicht fühlen wollen, weil so viele Bewertungen und Verurteilungen draufliegen. Die dunkle
Seite unserer selbst, das sind unsere Schattenanteile,
ist ein Ort voller Schätze. Wir alle kennen sie, die
Freudlosigkeit, das Getrenntsein, die Ohnmacht, den

Schmerz, das Unwohlsein. Wie oft gerät unser Gefühlskörper aus der Balance, weil bestimmte Emotionen Oberwasser haben. Schwupp, tauchen sie auf. Wie bei einem See kommt es dann in den verschiedenen Schichten zu Temperaturunterschieden oder sogar mehr. Emotionen sind wie Wetter in einer Klimazone. Wir bewegen uns – ob wir das wollen oder nicht – zwischen verschiedenen Gegensätzen und Extremen. Unsere Prägung lässt sich nicht abschütteln, denn sie geht weit über unser eigenes Sein hinaus. Der Preis für das Leben ist der Tod. Es gibt nicht nur Glück, sondern auch Unglück, es gibt Liebe und es gibt Hass. Es existiert eine düstere, dunkle Seite der Gefühle. Je unterdrückter und verborgener diese Seite ist und bleibt, desto heftiger tritt sie eines Tages hervor, wir explodieren, oder sie wendet sich gegen uns selbst, wir implodieren. Wir sind nicht nur bezaubernde Püppchen oder strahlende Helden. Jeder von uns hat Seiten, die er am liebsten vergessen und für immer verdrängen würde. Doch wenn wir unsere Schattenseiten ignorieren, verdrängen und verneinen, dann verhindern wir gleichzeitig auch alle Hochgefühle in uns. Denn kein Mensch geht weiter als sein Schatten. Es ist deshalb unerlässlich seine Schattenanteile zu kennen und zu verstehen, vor allem wenn wir uns ausdehnen und entwickeln wollen.

Wie viel Potential von uns Menschen verschwendet wird, hat die Hirnforschung in den vergangenen

Jahrzehnten aufgedeckt. Neurobiologisch gesehen, kommt nämlich jedes gesunde Kind als einzigartiges, hochbegabtes und hochmotiviertes Wesen mit einem außerordentlichen Hirn zur Welt. Bereits vorgeburtlich bilden sich anhand der aus dem eigenen Körper kommenden Signalmuster unzählige Vernetzungen. Dadurch konstruiert sich das Gehirn eines Kindes optimal für den Körper, in dem es zu Hause ist. Das ist aber noch nicht alles. Die möglichen Kontakte zwischen den Nervenzellen eines kindlichen Gehirns überschreiten die kühnsten Erwartungen der Wissenschaft. Das Vernetzungspotential, das zur Verfügung steht, ist so groß, dass es niemals vollkommen ausgeschöpft werden kann. Mit jedem Menschen betritt also eine Komplexität enormen Ausmaßes die Erde, ein Unikat. Dieses Potential muss allerdings auf fruchtbaren Boden fallen, damit es sich entfalten kann. Wird es nicht gebraucht oder entstehen Barrieren und Blockaden, baut es sich wieder ab.

Kinder nutzen ihr angeborenes Potential, ohne darüber nachzudenken. Sie sind ohne jede Absicht antriebsstark, und zwar in ihrem Takt und Tempo und jedes auf seine eigene Weise. Das bezeichnet man als intrinsisches Lernen. Ein Menschenkind ist so genial konstruiert, dass es genau das aus sich heraus lernt, was es braucht, und das Vorbild dafür liefert sein Umfeld. Im Augenblick des zielgerichteten

Lernens eines Kindes wird alles andere zur Neben-
sache. Kinder lernen mit Hingabe, wenn sie etwas
lernen wollen. Doch es gibt einen Haken – und an
diesem Haken zappeln viele von uns noch weit über
die Kindheit hinaus: Wird ein Kind unter Druck
gesetzt oder bekommt es Angst, verlagert sich sein
Antrieb darauf, der Angst und dem Druck zu entgehen, statt etwas lernen zu wollen. Es verliert das ur-
sprüngliche Ziel seines Antriebs aus den Augen und
richtet sein Bestreben nur noch auf das Umgehen
der Angst und des Drucks. Eine Primärmotivation
wie das Sprechen lernen kann also durch Angst-
erlebnisse oder auch nur durch ein einziges Angs-
terleben in eine Sekundärmotivation abrutschen –
was muss ich tun, wie muss ich mich verhalten, um
alles richtig zu machen, also um diesem Druck zu
entgehen? Wird so etwas durch traumatische Erfahrungen zum Muster, richtet ein Mensch seinen
Fokus immer erst einmal darauf, der Angst und dem
Druck zu entgehen, statt sich hingebungsvoll einer
Sache zu widmen. Das ist wie eine Barriere oder
Blockade in unserem System. Je angstfreier Kinder
in der sensiblen Phase der Prägung aufwachsen,
desto mutiger, spielerischer und zielgerichteter können sie ihre Komplexität entfalten. Unter Angst stabilisiert sich die mögliche Komplexität jedoch nicht,
es kommt zu Entwicklungsstörungen, die allerdings
nicht offensichtlich sein müssen. Sekundäre Motive

entsprechen nicht unseren wahren Bedürfnissen, die verschwinden stattdessen in der Versenkung. Unsere primären Motive fallen also dem Vergessen anheim, und wir handeln stattdessen, ohne uns dessen bewusst zu sein, aus unseren sekundären Motiven heraus. Eine fatale Sache. Denn wer nicht aus seiner tiefsten inneren Motivation heraus handelt, wird erstens nie wirklich wissen, wer er ist und er wird eines Tages schlappmachen. Sekundärmotivation stärkt uns nämlich nicht, sondern wirkt eher wie ein Energieräuber, weil wir mit Vermeidungsverhalten beschäftigt sind oder permanent versuchen, uns zu behaupten und durchzusetzen. Sekundärmotivation ist weit verbreitet.

Für primär motiviertes, in Liebe eingebettetes und durch gesunde Grenzen begleitetes Aufwachsen und Vermittlung von Wissen fehlen in dieser Welt sowohl die Absicht als auch die Voraussetzungen, häufig auch die Zeit. Seit jeher werden von Generation zu Generation Angst, Druck und Ungeduld übertragen. Und so sind wir von unserer wundervollen Antriebskraft irgendwann mehr oder weniger abgeschnitten, weil uns Angst und Mangel beschäftigen und bestimmen statt Klarheit, Konzentration, Kraft, Mut und Zuversicht. Beherrscht von inneren Defiziten, jagen wir Sekundärmotivationen nach, wollen uns immer irgendetwas beweisen, sind nie satt, gieren nach Ansehen, Macht und

Reichtum, ganz gleich, wie viel wir davon besitzen, aber die Leere und der Mangel bleiben allgegenwärtig. Denn die Tragik dabei ist, dass auf dem Boden von Angst und Mangel und dem Bedürfnis, dem Druck zu entgehen, kaum je etwas nachhaltig gedeihen kann. Unsere Unternehmungen müssen zwangsläufig bruchstückhaft und unbefriedigend bleiben oder führen sogar ins Nichts.

Unsere gesellschaftspolitische Realität und der Zustand der Erde sprechen Bände. Auf den ausgelaugten Böden der Sekundärmotivation wachsen nach und nach nur noch Unkräuter wie Gier, Konkurrenz, Neid und Missgunst. Statt zu erhalten, zerstören wir. Statt miteinander zu leben und zu wachsen, konkurrieren wir oder schlimmer noch – wir bekämpfen uns sogar, hassen einander, spalten uns voneinander ab. Das sind sie, die großen Schatten, und sie sind mehr oder weniger Teil von jedem von uns. Um mit unserem eigenen Schatten zu tanzen, müssen wir ihn erst einmal kennen, mit ihm weinen und lachen und ihn schließlich liebevoll an die Hand nehmen und aus dem Schattenreich führen.

Unser abgespaltener Geist bekämpft uns selbst und damit alles, was Bestand hat oder jemals Bestand haben könnte. Er fällt Urteile, entfernt uns von uns selbst und trennt uns von anderen. Nicht alle Urteile sind auf Anhieb als das, was sie sind, zu erkennen. Es gibt auch Urteile, die uns gut erscheinen und mit denen wir uns wohlfühlen. Sie lassen einen Menschen annehmen, dass er etwas Besonderes sei. Narzissten fallen in diese Kategorie, aber auch People Pleaser oder Menschen, die nach Anerkennung hungern oder sich etwas beweisen möchten. Der Glaube, Exklusivrechte oder eine Vorrangstellung zu haben, gehört dazu. Unsere Welt ist geprägt von solchen Mustern. Und solange es funktioniert, passiert wenig. Erst wenn wir anfangen, daran zu scheitern, beginnen wir eventuell aufzuwachen, aber garantiert ist das auch nicht. Der Mensch klebt an seiner Sicherheit, selbst wenn sie ihm mehr schadet als nützt. Es gibt zahlreiche Identifikationsmuster neben der Mangel-Haft oder dem Nicht-gut-genug-Sein, die für große Turbulenzen sorgen und unsere seelische Entfaltung verhindern. Frei ist aber erst, wer zu seinem seelischen Urgrund vorgedrungen ist. Der Schatten darf deshalb nicht verdrängt oder ausgegrenzt werden. Es ist wichtig, dass wir alle Seiten an uns lieben und alle Gefühle annehmen– nicht nur die, die uns behagen oder zusagen, sondern auch die unangenehmen. Bevor Schattenthemen balanciert werden können, müssen wir uns ihrer allerdings gewahr werden. Dazu benötigen wir in der Regel den Außenspiegel durch unsere Mitmenschen, denn zwischen Selbst- und Fremdwahrnehmung liegen oft Welten. Auch mein

Schatten lacht sich ins Fäustchen. Immer wenn ich ein gutes Selbstbild abgeben will, steht er mir im Wege. Mich ereilt die Einsicht, dass manches so tief in unserer Gefühlsstruktur verankert ist, dass wir erst lernen müssen, es zu fühlen. Das erfordert Training. Da meine Mentalität ausgefuchst ist, bleibt mir nichts anderes übrig, als die schwer zu knackenden, emotionalen Nüsse meines Lebens körperlich zu knacken. Nur so werde ich meinen ausgeklügelten Verstand überlisten können. Mit Hilfe eines Bewegungscoachs mache ich mich an die Arbeit. Mein Schatten macht sich lang, dann wieder breit, tanzt auf der Stelle. Mir geht auf, dass ich weitaus weniger nett bin, als ich immer sein wollte. Ich kann ziemlich aufmüpfig und vorlaut sein. Ich habe höchst unangenehme Seiten, die nun ans Licht drängen. Ein wilderes, rücksichtsloseres Wesen, als ich zu sein meinte, verbirgt sich in mir und will heraus. Es will leben.

Wenn wir uns unserer Schattenthemen nicht bewusst sind, neigen wir zu Projektion. Zu projizieren heißt, unangenehme Gedanken, Gefühle und Überzeugungen, die wir insgeheim verurteilen, auf einen anderen Menschen, Gott oder die Welt zu werfen. Das ist wie bei einem Schnellkochtopf. Ist der Druck zu groß, muss Dampf abgelassen werden. Wir lasten dann etwas, das auch Teil von uns ist, jemand anderem an und machen ihn auch noch dafür verantwortlich.

Solange wir eine Projektionsfläche brauchen, tragen wir Anteile in uns, die nicht völlig geheilt sind. Aber keine Sorge, das ist völlig normal. Wir projizieren mehr oder weniger alle. Wenn sich zwei sehr bewusste Menschen begegnen, steckt in der gegenseitigen Projektion sogar ein großes Lernpotenzial.

Unser Selbstkonzept ist also mehr, als wir auf einmal wahrnehmen können. Es bedarf der regelmäßigen Entlastung, muss entrümpelt und gelüftet werden, um gesund zu bleiben, und der Wegweiser dafür sind unsere Gefühle. Schattenthemen können unser Leben vergiften, ohne dass wir uns darüber im Klaren sind. Es sind blinde Flecken, die wir nicht erkennen können, weil wir in unserem Sekundärantrieb betriebsblind dafür sind. Schlafwandlerisch gehen wir über dieses Nichtgewollte und Verdrängte in uns hinweg. Doch Schattenthemen zu ignorieren, ist für unser Selbst nicht nur behindernd, sondern sogar gefährlich. Der Tag, an dem sie massiv ans Licht drängen, kommt nämlich, ob wir wollen oder nicht. Sind es übermächtige Themen, werden wir ihnen in irgendeiner Form ausgeliefert sein. Glücklicherweise ist nicht jeder Schatten so dramatisch und bedrohlich. Die Sehnsucht nach ekstatischer, vollkommener Verschmelzung mit einem anderen Menschen beinhaltet beispielsweise Schattenthemen, die nahezu jeder von uns kennt, die also ziemlich »normal« sind. Die Anziehungskraft zwischen

Mann und Frau, die einen enorm starken, menschlichen Antrieb darstellt, kann von Schatten wie dem
Drang nach Freiheit, dem Bedürfnis nach Unabhängigkeit, extremer Lust oder Unlust, Eifersucht, über-
triebener Standhaftigkeit flankiert und boykottiert
werden. Dies führt zu Gegensätzen, die wir schwer
vereinen können, und bildet einen Widerspruch in
uns selbst, den anzunehmen wir uns oft nicht erlauben. Je später wir uns unseren Schatten zuwenden,
desto schwieriger kann es auch für uns werden, sie
liebevoll anzunehmen. Lange bevor sie sich zu erkennen geben, äußern sich die dunklen Seiten, die
beachtet statt verdammt werden wollen, durch anhaltend oder wiederkehrende emotionale Störungen
oder körperliche Beschwerden. Diese Störungen
können leicht und unbedeutend sein oder schwer
und von großer Tragweite. Angstgefühle zählen
ebenso dazu wie ständige Beziehungsprobleme, eine
unerklärliche Rast- und Ruhelosigkeit, Aggressionen, Depressionen, außerdem manische Euphorie
oder körperliche und psychosomatische Erkrankungen. Sogar Freude kann auf die dunkle Seite geraten. Durch ›nie genug‹ oder ›nicht gut genug‹ kann
sich Begeisterung und Freude in Triebhaftigkeit,
Glückshunger oder Vergnügungssucht verwandeln.

Inmitten dieser Selbstfindungsphase, die ich hier
für dich, liebe Leserin, lieber Leser nachvollziehe,
fällt mir im Jahr 2008 eine kurze Abhandlung in

die Hände. Eine Frage darin lässt mich aufhorchen. *Von welchen großen Dingen träumst du, ohne für möglich zu halten, dass sie etwas für dich sind?* Die Frage fällt mitten in mein Herz. Der Bann ist gebrochen. Die große Uschi hat die kleine siebenjährige Ursula, die einmal Schriftstellerin werden wollte, wiedergefunden. Ich springe über einen meiner größten Schatten und schreibe innerhalb von zwei Wochen mein erstes Buch. Ein erster Selbstwertsprung ist geglückt. Gelobt sei die Selbsterkenntnis und das Forschen und Weitergehen und Verstehen.

Tipp: Wer sich tiefer mit dem Thema auseinandersetzen möchte, dem empfehle ich die Bücher und Vorträge von Dr. Rüdiger Dahlke. Wie kaum ein anderer hat er dieses Thema durchdrungen und fachkundige Beiträge und Werke dazu abgeliefert.

»Der Körper ist der Übersetzer der Seele ins Sichtbare.«
(Christian Morgenstern)

10 | DER KÖRPER ALS DREH-, ANGEL- UND AUSGANGSPUNKT DER WIRKLICHKEIT

Unser Selbst konzipiert und verfestigt sich auf verschiedenen Arealen des Seins. Zu diesen Arealen zählen der Körper, Gefühle, die in Form von Empfindungen und Emotionen zutage treten, unser Verstand, der sich durch Gedanken niederschlägt, und Instinkt und Intuition. Darüber hinaus existieren noch die spirituelle Ebene und der eigene Ich-Beobachter. Sie erfassen das Gewesene, um daraus für das Selbst Lehren zu ziehen und führen bei Menschen wie mir zu Dauergesprächen im und manchmal zu Kontroversen mit dem Gehirn. Es gibt weitere Wahrnehmungsebenen, die in unserer Welt aber (noch?) keinen Raum einnehmen. Das Seelische durchtränkt all diese Areale gleichermaßen.

Freud bezeichnete die Kontrollinstanz des Beobachters als Über-Ich. Das Über-Ich ist der, der dir sagt, dass du dich endlich mal wieder bewegen, weniger essen, dich weiterentwickeln und netter zu anderen Menschen sein sollst ... Es ist die Stimme der in uns nachwirkenden Autoritäten, die unsere Selbstentwicklung beeinflusst haben und weiter

in uns nachklingen. Erst wenn wir diese Autoritäten und die damit verbundenen Konditionierungen
überwunden haben, ist einer von zwei wichtigen
Schritten vollzogen, um auf die Ebene des sogenannten höheren Selbst zu gelangen. Über-Ich und
das höhere Selbst sind nicht identisch. Sie sind auf
unterschiedlichen Schwingungsebenen angesiedelt.
Unser höheres Selbst bewegt uns – ohne mahnende
Stimme – einfach des freudigen Antriebs und der
Lebendigkeit wegen, während das Über-Ich das
deswegen tut, weil es sein schlechtes Gewissen beruhigen muss, dem inneren Schweinehund Kontra
bieten oder sich etwas beweisen möchte. Der Körper
als Frontmann oder Frontfrau spielt in diesem Spiel
eine entscheidende Rolle. Denn der Körper ist zwar
nicht alles, aber ohne Körper ist alles nichts. Er spiegelt unsere Empfindungen, lebt unsere Emotionen
aus, äußert unsere Gedanken und lässt den Geist
durch uns wirken. Unermüdlich bildet er unsere
Identitäten ab. Ebenso machen wir oft einen Status,
den er gerade abbildet, beispielsweise unsere Figur
oder unsere Beschwerden, zu einer fixen Identität.
Wir hängen dann an und in dem Konstrukt fest, dick
oder dünn, Allergiker oder ein Mensch mit Rücken-
problemen zu sein. In diesem Fall bürden wir unserem Körper, der automatisch ständig nach Heilung
und Reparatur strebt, eine Doppelbelastung auf, statt
ihn in seinem grandiosen Können zu bestärken.

Unser Körper ist sowohl ein Wunderwerk als auch das Gefäß, in dem sich alles ausdrückt, was wir sind und jemals sein können. Zudem besitzt er Instinktsicherheit und die Fähigkeit, der Intuition zu folgen. Er ist unser Gefährte der Wirklichkeit. Ohne ihn sind wir nichts. Als Gesamtorgan des Organischen ist er Fortbewegungsmittel, Gefühlswelt und Werkzeug in einem. Er manifestiert sich durch uns und manifestiert durch uns. Er enthält Vergangenheit – wir erben ihn von unseren Vorfahren – Gegenwart und Zukunft. Er ist unser Teamplayer. Wir können durch ihn verkörpern, was wir wirklich sind und auch das, was wir sein wollen.

Körpergefühl zu trainieren, ist sehr aufschlussreich und höchst wirkungsvoll. Am Beispiel einer einfachen Übung kann man dies begreiflich machen: Ruhig auf beiden Füßen stehen, Beine hüftbreit aufgestellt. Augen schließen. Nun das Gewicht achtsam von links nach rechts verlagern und wieder zurück. Eine Weile üben. Dann das Gewicht nach vorn und hinten verlagern, ohne dass die Füße den Bodenkontakt verlieren. Leichtes Anheben der Ferse und des Vorderfußes ist erlaubt. Schließlich die beiden Übungen verbinden und entgegen dem Uhrzeigersinn und mit dem Uhrzeigersinn ausführen. Diese Übung offenbart deutlich, wie weit man sich – ohne umzukippen – zur Seite, nach vorn beugen und zurücklehnen kann. Sie gibt uns darüber

Aufschluss, wie elastisch wir sind, wie ausgeprägt und trainiert unser Gleichgewichtssinn ist und wie sehr wir diesem vertrauen können.

Der Körper ist ein sicherer Gradmesser unserer Selbstentwicklung und zugleich eine Leitfigur. Was wir nicht verkörpern, ist nicht wahr, so sehr wir uns das manchmal auch einzureden versuchen oder uns das wünschen. Wir sind, was wir verkörpern. In unserem Körper drückt sich grundsätzlich alles aus, was uns ausmacht. Zwischen Stillstand und Weiterentwicklung ist er der unbestechliche Gefährte sowohl unseres Seins als auch der Evolution. Er zeigt sich so farbig, wie die Welt bunt ist. Er ist biegsam und stabil, robust und zerbrechlich. Er ist ein Meister, der alles widerspiegelt, was uns ausmacht und geschenkt wurde. Der Körper kennt Schmerz, den er aber stets bereit ist, zu reparieren und loszulassen. Anhaltende Schmerzen werden auf einer völlig anderen Ebene manifestiert, der Körper allein würde sie niemals festhalten. An Kindern kann man das prima beobachten. Sobald der Schmerz vorüber ist, stehen sie wieder auf und haben ihn prompt vergessen. Das Weh wird nicht konserviert. Körperlichen Hunger können wir mit Nahrung stillen, emotional-mentalen Hunger, der sich über den Körper ein Ventil sucht, nicht. Emotional-mentaler Hunger greift den Körper an. Da dieser sich nicht unmittelbar wehren kann, weil sich die Ebenen

unterscheiden, reagiert er irgendwann mit Krank-
heitssymptomen. Der Körper hegt von sich aus
keine Vorurteile, ist nicht rechts- oder linksradikal,
nicht Jude, Hindu, Buddhist, Christ oder Moslem.
Er kann reich an physischer, seelischer und geistiger
Gesundheit sein, aber auch überaus arm, wenn uns
ein selbstproduzierter Mangel an Lebensenergie in
bestimmten Bereichen blockiert und Kraft raubt.
Unser gesamtes Selbstkonzept lässt sich am Körper
wie an einem offenen Buch ablesen.

Es geht aber noch viel weiter. Das Göttliche, das
die Evolution kennzeichnet wie einen roten Faden,
hat den Körper aus unzerstörbaren Substanzen gebildet. Dieses Substantielle zerfällt nach dem Tod
eines Lebewesens zwar wieder in einzelne Bestand-
teile, löst uns also auf, enthält aber gleichzeitig etwas,
das unvergänglich ist und sowohl die Welt als auch
uns Menschen im Innersten zusammenhält. Wir haben dieser namenlosen Kraft viele Namen gegeben,
wir suchen sie, aber immer, wenn mir meinen, sie
gefunden zu haben, entzieht sie sich uns. Manchmal
erahnen wir sie, hören ihren Klang, sehen ihren Ab-
glanz, vernehmen ihre Stimme oder wissen für einen
Augenblick sicher, dass sie da ist. Doch können wir
sie weder begreifen noch belegen. Wir können ihr
nur folgen wie dem goldenen Licht des Regenbo-
gens – weiter und immer weiter. Meist vergessen
wir, diese Kraft zu achten, zu ehren, zu würdigen, sie

ganz und gar anzunehmen. Seit wir aus dem Paradies vertrieben wurden, jagen wir sie blindlings, statt zu erkennen, dass sie in uns ist – als unvergängliches, ewiges Gut, als Geschenk einer Macht, die höher, unermesslicher und weiter ist als unser Selbst. Der Körper als erstes und letztes Ausdrucksmittel der Wirklichkeit des Lebens entwickelt sich aus und mit dieser Kraft. Der Körper ist aber auch der, der alles erleidet, was wir nicht einlösen oder verdrängen. Wo immer diese Kraft nicht wirken darf oder kann, entsteht ein Mangel an Energie und daraus resultierend irgendwann Einschränkungen, Gebrechen und Krankheit. Blockaden, die wir selbst verursachen, weil wir nicht bei uns sind.

Auf leisen Sohlen schleichen sie heran, die Krankheiten, die uns unserer Lebensqualität berauben oder uns sogar töten. Lange hat unser Körper ihre Vorboten kompensiert. Doch eines Tages kann er nicht mehr. Dieser Tag ändert für uns und die Menschen um uns herum alles oder doch so viel, dass nichts mehr so sein wird, wie es einmal war. Von Schwindel begleitet, erbrechen wir die Nahrung, die wir zu uns genommen haben. Wir wollen sprechen, aber können es plötzlich nicht mehr. Wir fallen einfach um oder brechen, wie vom Blitz erschlagen, zusammen. Spätestens wenn sie verloren gegangen ist, beherrscht das Verlorene die Oberfläche unseres Bewusstsein-Sees mit Vehemenz.

Noch nie war dieses Körperliche auf gewisse Art
und Weise so selbstverständlich wie heute. In unserer
Zivilgesellschaft sind Krankheiten, die einst tödlich
waren, besiegt und ausgerottet. Wir leben durch-
schnittlich länger und durch relativen Überfluss
besser als jemals zuvor. Wir können Krankheiten
immer früher und schneller erkennen und vorbeu-
gen. Forschung und Medizin verzeichnen weltweit
beständig Fortschritte. Gesundheit und Körperlichkeit sind Dauerbrenner und Publikationsschlager,
mit denen wir unentwegt bombardiert werden. Und
doch ist die Körper-Seele-Geist-Medizin zu einem
kaum noch erinnerten Gut geworden, weil wir aus
der Einheit, dem Einklang gefallen sind.

Ganzheitlich gesehen, ist unsere Gesundheit in
einem nie gekannten Ausmaß gefährdet. Es breiten
sich Seuchen aus, die sich nicht ausbreiten müssten.
Wir essen zu viel, fallen Genussmitteln anheim, sind
unzufrieden oder dauergestresst, obwohl wir weder
hungern noch an Schmerzen leiden. Den leisen
Killern, die diesen GAU vorantreiben, haben wir
selbst die Tür geöffnet und sie hereingebeten. Wir
füttern sie fleißig. Tag für Tag. Jahr um Jahr. Tödlicher Überfluss oder existenzieller Mangel ruinie-
ren in vereinter Dualität, was inmitten von Chaos
einst errungen wurde. Immer früher und immer
häufiger erkranken Menschen an den sogenannten
Wohlstandskrankheiten. Während die Fachwelt seit

Jahren warnt und über Gegenmaßnahmen nach-
sinnt, hält das globale Gesundheitsschiff zusammen
mit dem globalisierten Menschen unbeirrt Kurs auf
diesen Eisberg, vermutlich weil die Mannschaft dessen Spitze nicht sehen will. Der Blutdruck ist erhöht. Das Ohr pfeift. Der Rücken schmerzt. Das
Körpergewicht liegt deutlich über der Norm. Wir
fühlen uns gestresst oder niedergeschlagen. Unsere
Psyche rebelliert. Wir sind aus dem Lot und wissen
oft nicht einmal, warum. Tödlicher Überfluss, der
uns völlig normal erscheint, bestimmt unsere Leben
auf der einen Seite. Auf der anderen Seite fühlen wir
Leere. Grund dafür ist unser Lebensstil zusammen
mit dem vergessenen Kern des Wesentlichen in uns
selbst. Viele Menschen leiden unter Mangelernäh-
rung, obwohl sie mehr als genug zum Essen haben.
Es ist ein Holzweg par excellence. Während in anderen Teilen der Welt Menschen verhungern, produzieren wir Nahrungsmittel im Überfluss, die dann
massenhaft vernichtet werden. Noch dazu handelt
es sich bei einem Großteil dieser Nahrungsmittel
um teuren Schrott, den wir gierig in uns einlagern.
Während auf unseren Obstbaumwiesen Äpfel in
großen Mengen Jahr für Jahr verrotten, weil keiner
sie mehr auflesen oder gar essen mag, sitzen wir auf
unseren Sofas und futtern Chips und andere hoch-
potenzierte Produkte, die sowohl unsere Haushalts-
kasse als auch unseren Körper belasten. Während in

der Welt Überfluss herrscht, wähnen wir uns immer mehr im Mangel, fürchten uns vor der Zukunft und steuern von einer großen Krise in die nächste. Die meisten von uns bewegen sich zu wenig, essen zu viel oder das Falsche, setzen sich unter Druck, setzen sich Lärm und medialer Reizüberflutung aus, stressen sich bis hin zum Burn-out, kommen mit den psychosozialen Faktoren ihrer Umstände nicht mehr zurecht oder leiden an irrationaler Angst, die sich in vegetativer Dystonie äußert. Das sind alles Faktoren, die Krankheitsspiralen in Gang setzen, in jedem Fall aber unsere Lebensqualität mindern. Wenn wir dieser Entwicklung, die nicht nur einzelne Individuen, sondern die ganze Gesellschaft betrifft, keinen Einhalt gebieten, kommen in nicht allzu ferner Zukunft immer größere Probleme auf uns zu.

Die rasche Verschiebung der globalen Krankheitsbelastung durch den Lebensstil, in zahlreichen Ländern noch durch den demographischen Wandel verstärkt, birgt darüber hinaus Sprengstoff. Mehr und mehr Menschen werden, sollte kein Kurswechsel stattfinden, demnächst ihre gesundheitlichen Ressourcen und damit ihre Lebensqualität auf ein Minimum reduziert haben, und damit nicht nur sich selbst, sondern zunehmend anderen und der Gemeinschaft zur Last fallen. In Wahrheit wollen und sollten wir als der Mensch, der wir sind, ein Beitrag sein. Neben der Lebensqualität schränkt sich die

Arbeitsproduktivität ein, wodurch der Wirtschaftsfaktor Gesundheit zu einem maßgeblichen werden wird. Dabei sind die Schäden durch Katastrophen, Krieg, Umweltzerstörung und Radioaktivität noch gar nicht berücksichtigt. Die nächste Folge davon wird sein, dass wir degenerieren und entgegen aller medizinischen Fortschritte immer früher sterben oder schlimmer noch, dass die letzten gesunden Ressourcen auf Messers Schneide stehen. Wollen wir das?

Unser Körper ist ein Gut, welches es wertzuschätzen und als Ort der Veränderung zu begreifen gilt. Wir stehen letztlich vor einem entscheidenden Wendepunkt unserer menschlichen und gesellschaftlichen Positionierung. Gelingt es uns nicht, das Kapitel Selbstwirksamkeit und Eigenverantwortung im höchsten Maße und auf sehr umfassende Weise aufzuschlagen und ein umfassendes Gefühl für unser körperliches, seelisches und geistiges Wohl zu entfalten, drohen uns düsteren Zeiten. Die Lawine rollt. Denn wir sind, was uns bewegt oder abhält. Wir sind die, die es möglich machen und verkörpern, oder die, die an sich selbst zugrunde gehen. Es lohnt sich also, den Körper wahrzunehmen, das heißt, ihn mit all den Räumen, die er enthält, zu achten, zu bewegen, zu lieben, wertzuschätzen.

Sich breit, sich lang, sich weit zu machen, sich selbst zu erkunden und sich in anderen Menschen wiederzuerkennen und sich geliebt zu fühlen – das alles geschieht frei von Vorurteilen in unseren ersten Lebensjahren. Erleiden wir zu dieser Zeit Durst, Gewalt, Hunger, Missbrauch oder einen entscheidenden Mangel an Zuwendung, prägt das unser sich im Aufbau befindliches Selbstkonzept bis tief ins Körperliche hinein. Wir haben vom Anbeginn unseres Seins ein Bedürfnis nach Geborgenheit, Urvertrauen und Verbindung. Vertrauen, das aus welchen Gründen auch immer in diesen frühen Jahren verlorengeht oder gar nicht erst entsteht, hinterlässt ebenso wie mangelnde Verbindung tiefe Spuren in uns. Werden einem Kind Botschaften vermittelt, und sei es noch so subtil, »du bist nicht genug«, spürt das Kind die Liebe der Eltern nicht wirklich und fühlt sich abgetrennt. Viele von uns haben solche Botschaften erhalten und konnten deshalb kein Selbstwertgefühl aufbauen, was wiederum Entwicklungsstörungen zur Folge hat, die später als Misstrauen, Mutlosigkeit, depressive Veranlagung, Schwermut, krankhafte Traurigkeit usw. in Erscheinung treten.

Ich bilde keine Ausnahme. Als Kind wurde ich mit traumatischen Ereignissen und mit Abwertung schlimmster Art konfrontiert, was mich prägte. Lange war mir nicht bewusst, wie wichtig der Körper für mein Sein und meine Entwicklung ist. Ich war ziemlich träumerisch, stand nicht wirklich auf dem Boden der Tatsachen, widmete mich ab vierzig zwar der Bewusstseinsentwicklung, war mir aber noch nicht darüber im Klaren, dass es den Körper mitzunehmen gilt. Umso mehr achte ich heute auf Körperwahrnehmung und bewege mich so viel wie möglich. Neugierig wie ein Kind, aber mit dem schlauen Kopf einer Erwachsenen mit großem Urteilsvermögen forsche ich weiter. Raus aus der Mangel-Haft und rein in das volle Leben, lautet das Ziel. Und ich folge ihm voller Begeisterung. Denn den Begeisterten gehört die Welt.

»Was wir tun können, hängt nicht von uns ab,
aber von uns hängt es ab, dass wir es tun.«
(Nicolás Gómez Dávila)

11 | WILLE IST EIN WERKZEUG

Fast jeder von uns hat Unterdrückung erfahren.
Sobald unser Wollen als zu viel oder sogar schlecht
bewertet, unser Begehren, unsere Lust als verwerf-
lich angesehen wurden, ist die Falle zugeschnappt.
Wir wurden brav gehalten, domestiziert und klein-
gemacht, bevor wir überhaupt wussten, wer und was
wir sind. Wir wurden angehalten, genügsam zu sein,
uns wurden Verbote eingeimpft. Wir wurden pas-
send gemacht, damit wir ins System passen. Wir
wurden moralisiert und demoralisiert. Uns wurde
vermittelt, dass unser ureigener Wille und das damit verbundene Potenzial, unser Feuer, die ungebro-
chene Wildheit in uns andere bedroht und verletzt,
dass es böse, frech, ungehörig und egoistisch ist, natürlich zu sein. Sobald wir unserer inneren Stimme
folgten, wurden wir zu einer Zumutung. Wenn du
deine Lebenslust, deine Power, dein Strahlen warst,
wurde dir eingeredet, dass du verletzend und gefährlich bist, dass es sich nicht gehört, so zu sein. Das
nennt man Konditionierung. Dabei ist der »freie
Wille« nichts weiter als Bewegung in uns selbst,

die uns das Leben erfahren lässt und den Umgang mit uns selbst und unserer Umwelt trainiert. Damit steht der bewegte Wille in einer Wechselwirkung mit dem Ursache-Wirkungsprinzip. Durch unseren Willen setzen wir dieses Prinzip in Gang. Das Kausalitätsgesetz legt nahe, dass alles eine Folge von etwas ist und geht davon aus, dass sich aus zeitlich aneinandergereihten Ereignissen eine Kausalkette ergibt. Dies wurde sowohl von philosophischen als auch esoterischen Kreisen lange Zeit fälschlicherweise auf die Gesamtexistenz allen Seins übertragen. Es wurde und wird immer noch nahegelegt, dass es für jede Wirkung eine vorausgehende Ursache gibt. Das Ursache-Wirkungsprinzip beschränkt sich jedoch auf uns selbst – auf diese innere Bewegung in uns. Dort allein liegt die Ursache unseres Wollens und Willens sowie deren Auswirkungen. In einem größeren oder auch universellen Kontext existiert das Ursache-Wirkungsprinzip nicht oder doch nur vermeintlich aus einer eingeschränkten Sichtweise heraus. Aus dieser eingeschränkten Sichtweise folgern wir dann, dass alles eine Folge von etwas ist, während in Wirklichkeit eins das andere bewegt. Das, was sich aus etwas ergibt, kann zwar auch Einfluss auf unser Umfeld nehmen, aber nur wenn die Frequenz dessen, was sich daraus ergibt, höher ist als das bislang Dagewesene. Willentliche Intention bleibt vollkommen wirkungslos, selbst wenn wir sie als Ursache-Wirkungsprinzip betrachten, sie kann sogar Schaden in uns anrichten, wenn sie keiner höheren, liebevolleren Absicht dient. Wollen ist nicht gleich wollen. Es existiert ein befreites Wollen, das ist der Wille, der unserer tiefsten inneren Intention und unseren wahren Bedürfnissen entspringt Und es gibt einen unfreien Willen, durch den wir etwas wollen oder uns etwas abverlangen, das gar nicht unserem innersten Wesen entspricht. Die meisten von uns leben allerdings genau diese Art des Wollens. Wir futtern uns beispielsweise mit ungesundem Zeugs voll oder trinken Alkohol, um uns zu betäuben oder um eine Leere oder eine Sucht in uns zu stillen. Dann bewerten wir das als »ungesund« oder uns selbst als »zu dick« und fordern uns selbst eine Diät oder einen Entzug ab. Wenn wir genügend Disziplin haben, funktioniert das auch einwandfrei, jedenfalls für eine gewisse Zeit. Bis wir wieder unseren alten Konditionierungen erliegen. Dann fängt das Spiel von vorn an, und so drehen wir uns unentwegt im Kreis. Wenn wir aus unserer wahren Essenz, also aus unserem befreiten Wollen heraus handeln, erzeugen wir ganz andere Ergebnisse als durch Handlungen, die aus einer Willensanstrengung heraus entstehen.

Jeder von uns bringt in Anbetracht der biologischen Masse, aus der er geformt ist, Gefühle und Gedanken hervor, die sich auf seine biologische

Masse auswirken. In diesem Sinne bewirken wir in uns, was wir verursachen. Zunächst aber nur dort und nirgendwo anders. Unsere Gedanken und Gefühle wirken auf uns und wirken sich auf uns aus. Darunter versteht man heute das »Urheberprinzip«. Anders ausgedrückt: Wir sind die, die innerhalb des beweglichen Selbstkonzepts über sich selbst durch die Art unserer Gefühle und Gedanken bestimmen. Das ist die Form, in der der freie Wille seinen Spielraum hat und seinen Ausdruck findet. Vielen Menschen ist das nicht klar, weil sie von anderen Einflüssen bis tief in den Gefühlskörper hinein beherrscht werden. Und sogar diejenigen, denen es bewusst ist, bezweifeln es. Abergläubisch, wie wir sind, wollen wir uns oft bis zuletzt als Opfer einer biologischen Masse sehen. So verursachen wir Schäden an unserer eigenen Natur und damit auch an der Natur, die uns umgibt und verleugnen gleichzeitig die verursachende Wirkung unseres eigenen Handelns. Oder wir wollen das Ursache-Wirkungsprinzip auf höhere Ebenen übertragen und verkennen dadurch unsere wahren Aufgaben. Wir können von Glück reden, dass die göttliche Gesamtexistenz frei vom Ursache-Wirkungsprinzip ist und sich davon nicht im Geringsten beeinflussen lässt. Gott, die Schöpfung, das Universum, oder wie auch immer man es nennen möchte, ist unserem Willen eben nicht unterworfen. Allmacht besitzen wir im Umfang unserer gesunden Ressourcen allenfalls über uns selbst und auch nur in der Form, dass wir Ja oder Nein zu den Ereignissen sagen können. Dennoch ist der Wille, durch den wir unsere Aktionen und Reaktionen beeinflussen und steuern können, im Gesamtgefüge des Selbstkonzepts durchaus wesentlich. Wir müssen wollen dürfen. Und wir sollten zu unserem wahren Wollen zurückfinden wollen. Denn das »ich will« ist eine Antriebskraft in uns. Den eigenen Willen zu verstehen und mit ihm, unserer individuellen Ausformung entsprechend umzugehen, ist wesentlich, wenn es um Entwicklung und Fortschritt geht. Willensschulung ist das Training, unsere individuellen Antriebskräfte, das, was uns wirklich motiviert, mit der Disziplin in uns zu verbinden. Unser Wille ist das göttliche Präsent der freien Wahl. Durch unseren Willen bilden wir uns selbst.

Das Begrenzen unserer dynamischen Willenskräfte in der frühen Kindheit seitens unserer Erziehungsberechtigten kann sowohl sinnvoll als auch schädlich sein. Würden wir uns als Zwerge dauernd durchsetzen, bekämen wir den Eindruck Riesen zu sein. Wir würden das auf unserem sich selbst entfaltenden, kindlichen Daseinsplan vermerken und danach zu leben trachten. Ich will, ich will, ich will. Das böse Erwachen würde nicht ausbleiben. Wollen allein des Wollens wegen hat noch nie etwas gebracht, außer weiteres Wollen anzukurbeln. Allenfalls droht erhöhte Frustrationsgefahr bis hin zu dramatischen Verläufen, wenn Zwerge sich als Riesen wähnen, weil Eltern und Erzieher ihnen keine Grenzen aufzeigen, innerhalb derer sie sich frei bewegen und entfalten können. Liebevoll Grenzen zu setzen, fällt vielen Menschen schwer. Andere wiederum ziehen Grenzen viel zu eng. Ein Baum, der zu stark beschnitten wurde, treibt viel zu stark aus, wenn es ihm die Bedingungen schließlich erlauben oder kümmert vor sich hin, ohne zu wahrer Blüte zu gelangen. Ähnlich verhält es sich bei uns Menschen. Übermäßige Begrenzung oder gar gewaltsame Einengung sind verletzend und bewirken meist das Gegenteil, von dem, was eigentlich beabsichtigt war. Kaum oder keine Grenzen zu setzen, birgt hingegen die Gefahr der Orientierungslosigkeit.

Die Ausbildung des Willens im Selbstkonzept ist wesentlich, gleichzeitig selten frei von Tücken. Am Wollen scheiden sich die Geister. Sogar unser eigener, denn er beurteilt unser Wollen, sobald er sich dazu in der Lage sieht. Er hält sich da nicht zurück, da er konditioniert ist. Wenn wir unseren Willen nicht bekommen, also etwas fehlschlägt, dass wir anstrebten oder haben wollten, interpretiert der Verstand das gern als Versagen. Dass Fehlschläge ein großes, zusätzliches Lernpotenzial bieten, wird ignoriert. Stattdessen reagieren wir wütend und aggressiv oder verfallen in Niedergeschlagenheit und Depression. Da ist es wieder, dieses Ungenügend, dem wir zu entkommen suchen.

Wut in seiner reinsten Form ist nichts als entfesselte höchste Erregung, Energie. Diese Erregung zieht noch keine Schlussfolgerungen – sie ist einfach. Sie ist ein Motor. Nichts als ein Motor, der leer läuft, wenn er nicht fährt. Gelenkte Wut kann sehr nützlich sein. Wille ist ein Werkzeug. Und ein Werkzeug muss gepflegt werden, damit es taugt. Am Willen lässt sich die Rolle des sich in Handlungen äußernden Verstandes gut verdeutlichen. Wille ist Training der eigenen Kräfte und Stärken durch vernünftige Lenkung. Mehr nicht. Leute, die massiv auf andere Menschen Druck auszuüben versuchen, und die, die sich diesem Druck freiwillig aussetzen, spielen im Willensbereich das gleiche Spiel – lediglich mit umgekehrten Vorzeichen. Das hat nichts mit Willensbildung zu tun, sondern mit einer Sucht nach Überlegenheit oder Unterwerfung. Die einen befinden sich im Schongang, die anderen im Turbogang, Opfer und Täter zugleich.

Störungen in der Willensbildung sind weit verbreitet und noch dazu durch kulturelle Unterschiede geprägt. Das Spiel der Omnipotenz ist in dieser Welt allgegenwärtig. Fast jeder will dem anderen seinen Willen aufzwingen oder doch zumindest schmackhaft machen. Das ist problematisch. Zu viel Wille im Spiel vereitelt nämlich Freude. Noch dazu ist es eine Krux. Gedämpfte Lebensfreude schwächt den Willen, während ein geschwächter oder gestörter Wille wiederum weniger Lebensfreude ermöglicht. Dabei ist es der Sprit Freude, der den Motor namens Wille ein ganzes Leben lang mit Antriebskraft versorgt. Fehlt die Freude, lahmt auch der Wille. Freudige Erregung ist unser Feuer. Unser Zünder und Zunder zugleich. Denn nur wer selbst entflammt ist, kann auch andere entzünden. Unterstützt durch Dynamik entsteht so das Durchsetzungs- und Stehvermögen eines Menschen.

Wille, der gebeugt oder gar gebrochen wird, beraubt uns unserer Ebenbürtigkeit auf der Gefühlsebene. Das ist sehr einschneidend, denn Ebenbürtigkeit ist eine der wichtigsten Voraussetzungen für ein erfülltes und glückliches Leben und für ein Leben auf Augenhöhe mit anderen Menschen. Wird unser Wille gebeugt oder gebrochen, also unsere Dynamik massiv unterdrückt, bildet sich in unserem Selbstkonzept Widerstand aus. Widerstand hat viele Gesichter – von Genervt-Sein über Wut bis hin zur Aggression oder auch umgekehrt von Geknickt-Sein über Schuldgefühle bis hin zu tiefster Niedergeschlagenheit.

Wut ist die emotionale Kraft des Dagegenhaltens, und das ist eine durchaus gesunde Wut. Sowohl im ungesunden Übermaß als auch im autoaggressiven

oder unterdrückten Untermaß wird sie jedoch ungesund. Dann handelt es sich um einen festsitzenden Widerstand, den wir auf andere Menschen
projizieren. Wir werden beispielsweise übermäßig
wütend, wenn wir meinen, unsere eigene Wahrheit
verteidigen zu müssen. Das ist jedoch eine Illusion.
Denn eine Wahrheit, die verteidigt werden muss, ist
keine Wahrheit. Wahr ist etwas einfach.

Häufig zeigt sich Widerstand auch in einer Mi-
schung aus Kummer und Schuld und daraus resultierend anhaltende Freudlosigkeit. In jedem Fall
verlangsamt Widerstand unsere Entwicklung, ganz
gleich auf welcher emotionalen Ebene er auftritt.

Ich wurde durch das holotrope Atmen nach Dr.
Stanislav Grof erstmalig mit meiner Willensstörung
konfrontiert. Als ich mich dieser anstrengenden
Atemtechnik unter Anleitung anvertraute, erkannte
ich zum ersten Mal das Ausmaß meiner erregungs-
starken Emotionen Traurigkeit und Wut unter der
Oberfläche meines Bewusstsein-Sees. Während des
Atmens wurden mir weitere tiefe und entscheidende Erkenntnisse zuteil – nämlich wie wichtig und
verbindend der Atem in der Einheit Körper, Seele,
Geist ist. Erregung im Übermaß staut den Fluss des
Atems und verursacht dadurch Stress, was lange un-
erkannt bleiben kann, da wir das oft nicht wahrnehmen. Kinder im Trotzalter demonstrieren das oft,
indem sie einfach die Luft anhalten, wenn sie bei

der Durchsetzungskraft ihres Willens auf massiven Widerstand stoßen. Später machen wir das unwillkürlich, nur eben nicht mehr in dieser Heftigkeit und so deutlich. Unter Antriebslosigkeit durch gestauten Willen atmen wir wiederum zu flach. Dadurch bleibt ständig alte und verbrauchte Luft in unseren Lungen und Zellen. Das sind tote Bereiche des Seins, in denen kein »Feuer« lodert, weil keine Luft mehr hinkommt. Der hyperrationale Mensch in dieser scheinbar von Machbarkeiten beherrschten Welt, der noch dazu die meiste Zeit sitzend verbringt, ist sich dessen jedoch selten bewusst. Nahezu alle atmen wir zu flach, zu stockend, zu schnell oder zu gestresst. Selbst unsere Probleme versuchen wir über den Kopf oder über Gewalt zu lösen und bemerken oft erst durch massive gesundheitliche Störungen oder wenn Körper und Seele streiken, dass es fünf vor zwölf ist. Wir atmen unsere Dynamik sozusagen nicht durch, wodurch wiederum unser Körper nicht völlig durchatmet wird, und deshalb können wir letztendlich auch nicht völlig aufatmen. Dann heißt es, sich ins tiefe aktive Atmen oder in körperliche Bewegung zu bringen, also den Willen zu aktivieren, um unserer gestauten Energie durch körperliche Bewegung freien Lauf zu lassen.

Wer sich schwere Gedanken macht, muss sich nicht wundern,
dass seine Leichtigkeit flöten geht.

12 | ERKENNTNIS KANN VON VORTEIL SEIN, IST ABER NICHT DIE LÖSUNG

Wie kann es sein, dass wir uns mit jemandem wohlfühlen, aber dennoch eifersüchtig sind, uns ärgern
oder den Teufel an die Wand malen? Das muss Gründe haben. Hat es auch. Doch sie liegen nicht an unserem Gegenüber oder den Umständen, auch nicht an
unserem Selbst, sondern in uns selbst als Inhalt ohne
wesentlichen Gehalt. Als fühlende und verkörperte
Menschen produzieren wir fortlaufend Gedanken
und die können uns ziemlich aufmischen. Aufge-
tischt werden sie uns von unserem Verstand, der die
uns bekannte Wirklichkeit erfasst, interpretiert und
kommentiert. Der Verstand liebt es, unsere Aufmerksamkeit zu haben. Der Meister der kognitiven
Prozesse kommentiert, rechnet, sortiert, urteilt und
behält auch gern das letzte Wort. Er ist ein Schlingel,
der es liebt, zu analysieren, zu bewerten, einzuordnen
und zu unterteilen. Dabei verdirbt er uns manchmal
ganz schön die Stimmung. Was immer er tut, es geschieht stets auf Grundlage des ihm Bekannten.

Laut wissenschaftlichen Untersuchungen gehen
uns den lieben langen Tag mehr als sechstausend

Gedanken durch den Kopf. Manche gehen auch von deutlich mehr aus. Jedenfalls sind es unsichtbare elektrische Impulse, die nichtig oder wichtig sind, uns triviale oder geniale Einfälle, Erkenntnisse und Ideen bescheren, aber uns ebenso das Leben zur Hölle machen können, wenn sie nicht aufhören, sich wie ein Karussell im Kreis zu drehen. Unsere Gedanken sind vogelwild. Niemand kann uns Gedanken verordnen oder vorschreiben. Diese Erkenntnis klingt banal, will aber erwähnt sein.

Das Konzept des positiven Denkens, das vor einigen Jahrzehnten einen Siegeszug um die Welt antrat, hat sich diese Freiheit der Gedanken zunutze gemacht und daraus eine Methode definiert. Diese Methode zielt darauf ab, das bewusste Denken mit Hilfe von Affirmationen positiv zu beeinflussen, um zu einer förderlichen Grundhaltung zu gelangen. Es ist nichts falsch an der Aussage »Sorge dich nicht – lebe!«, wie sie beispielsweise Dale Carnegie schon vor Jahrzehnten formulierte. Auch ist eine Empfehlung wie »lebe entspannt« durchaus von Nutzen. Als Methode, uns von einem Minderwertigkeitskomplex zu befreien oder dem Mangel zu entkommen, ist das positive Denken jedoch wenig zielführend, denn nachhaltig etwas in unserem Selbstkonzept zu verändern, setzt weit mehr voraus als positives Denken.

Dem Denken eine Zuordnung in negativ oder positiv zu verpassen, ist an und für sich schon problematisch. Auch noch zu schlussfolgern, dass negatives Denken eine negative Wirklichkeit und positives Denken eine positive Wirklichkeit erschafft, ist absurd und entbehrt jeglicher Rationalität. Gedanken sind nichts als Gedanken. Sie kommen und gehen. Sie sind wie Wind, mal mild, mal lau, mal stürmisch, mal tosend, aber sie verflüchtigen sich ebenso schnell, wie sie gekommen sind. Sie haben keine Substanz. Dass sie nicht immer positiv, manchmal unsinnig sind und dann und wann ziemlich durcheinanderwirbeln, ist vollkommen natürlich. Auch dass unsere Gedanken oft in völlig gegensätzliche Richtungen laufen oder widersprüchlich sind, dürfte nicht verwundern. Würden wir auf jeden einzelnen dieser elektrischen Impulse etwas geben, uns nur von jedem dritten bewegen und jeden fünften tatsächlich zu Wort kommen lassen, bräuchten wir unendlich viel mehr Lebenszeit. Anders ausgedrückt – das Denken ist schlichtweg überbewertet.

Unser Denkapparat ist ein reines Erkenntnis- und Koordinationsinstrument. Er hat nichts weiter zu tun, als zur Kenntnis zu nehmen, was geschieht oder geschehen soll und darauf konzentriert, koordinierend und sinnvoll zu reagieren. Würde unser Gehirn dem folgen und ansonsten still sein, wäre unser Leben ziemlich einfach. Aber tatsächlich bildet unser Oberstübchen in der Realität des menschlichen Lebens – so wie wir es kennen – widersinnige mentale Muster aus, denkt manchmal ziemlich unsozial und/oder gebärdet sich mehr als hirnrissig, weil es sich als das Maß aller Dinge hält. Wir wurden auf diese mentalen Muster konditioniert. Jahrtausendelang. Dem Verstand wird eine Vormachtstellung eingeräumt. Wir haben uns aber auch konditionieren lassen. Und wir neigen dazu, in diesen Konditionierungen zu verharren.

In Wahrheit hat der Verstand keinerlei übergeordnete Position, schon gar nicht, wenn es um das reine Lebensprinzip geht. Viele von uns betrachten ihn aber zeitlebens als steuernde und vorrangige Priorität und handeln hauptsächlich danach.

Gedanken sind nichts weiter als eine Abbildung der Wirklichkeit, so wie wir sie kennen und erleben. Was wir denken, wird erst wesentlich, wenn es eine emotionale Verknüpfung erfährt. Die emotionalen Verknüpfungen, die ich meine, sind auch da, oft lange bevor wir uns unserer Gedanken bewusst werden. Sie stecken den Rahmen ab, in dem wir überhaupt in der Lage sind, zu denken und zu agieren. Sie sind der Raum, der uns gedanklich zur Verfügung steht, aus dem heraus wir in Aktion treten. Verknüpft sich unser Denken mit Emotionen, wird es zu einer Mindmap, einer Gedächtnislandkarte des Seins, bestehend aus neuronalen Synapsen, die der Informationsübertragung dienen, und einem Netzwerk, das in dickeren und dünneren Bahnen unser

Gehirn durchzieht. Aus diesem Netzwerk formiert sich unsere Identität und unser Verhalten. Unser Denkapparat ist Teil des Ganzen und erfüllt darin schlicht und ergreifend seine wichtigste Funktion, nämlich alles in eine für uns begreifbare Ordnung zu bringen, die wir nachvollziehen können. Sofern die Emotionen über die Knotenpunkte nicht dagegen feuern, wird unser Selbstkonstrukt auf diese Weise immer weiter strukturiert und stabilisiert, das heißt, wir leben in unserer vertrauten Identität, fallen nicht aus dem Rahmen, die Psyche, wie auch immer sie aussieht, ist stabil. Dies erlaubt uns, im grenzenlosen Raum einer linearen Zeitachse und geordneten Wahrnehmung zu folgen. Rationalität ist in diesem Sinne eine durchaus gesunde Sache. Hör also nicht auf zu denken oder dein Denken zu erweitern, sondern hör auf, deinen Gedanken zu folgen oder nachzuhängen.

Es sich im Selbstkonstrukt gemütlich einzurichten, ist die Norm. Das ausgeformte Ich liebt das Gewohnte, weil wir uns in unserem hübsch möblierten Dachstübchen dann in Sicherheit wähnen. In Wahrheit ist diese Sicherheit eine Illusion, aber wir kleben an ihr, was das Zeug hält. Übertragen auf die Mangel-Haft oder andere Glaubenssysteme, die uns nicht guttun, bedeutet das, dass wir freiwillige Gefangene unseres Mangels sind, weil wir uns nicht trauen, die Höhle, in die wir hineingeboren wurden, zu verlassen, selbst wenn uns das Licht draußen lockt. Wir sehen nur den Nutzen der programmierten, stagnierenden Identität, nicht aber den Schaden, den das Verharren darin verursachen kann. Die heutige Welt wird von alten mentalen Konzepten beherrscht, weil die Mehrzahl der Menschen diese Konzepte bequem findet und an ihnen festhält.

Die Welt im Kopf spiegelt die Komplexität unserer Emotionen, Haltungen und Reaktionen wider. Da unser Kopf ein schlaues Etwas ist, vergleicht er diese Spiegelung ständig mit bereits abgespeicherten Erfahrungen, auch Erinnerungen genannt. So entsteht Mentalität. Ob diese in einer Situation nützlich ist, weiß der Verstand erst rückblickend, denn er hinkt hinterher, soll heißen, das, was ist, ist immer schon da, bevor der Verstand anfängt, es zu interpretieren und zu kommentieren. Er ist ein Rückkoppler. Mir ist klar, dass ich mich wiederhole, aber ich möchte dies nachhaltig verdeutlichen.

Gedanken sind beeinflussbar und wechselhaft. Als Überzeugungen können sie aber auch hartnäckig, ja, beinahe zwanghaft, schwerfällig und hinderlich sein. Sie können sich im Kreise drehen, auf dem Kopf stehen und Purzelbäume schlagen. Hin und wieder sind sie kaum zu ertragen, manchmal liegen sie uns schwer im Magen. Glaube deshalb nicht alles, was dir erzählt wird. Glaube nicht alles, was du hier liest. Hinterfrage.

Gedanken können als positiv oder negativ angesehen werden. In Wirklichkeit sind sie so lange nichtig, bis der Vater des Gedankens aktiv wird. Er ist es, der den Gedanken in die Tat umsetzt oder eben auch nicht und ihm dadurch zur Realität verhilft. Die wichtigste Regel im mentalen Zusammenhang lautet deshalb: Erkenne deine eigene Mentalität. Befreie dein Denken von seinen eigenen Irrungen und Wirrungen. Erkenne die räuberischen und zerstörerischen Anteile deines Denkens, vor allem im Hinblick auf deine Person, und gebiete ihnen durch veränderte Absichten und Ziele Einhalt. Solange du sie dir durch Affirmationen abzutrainieren versuchst, wird sich überhaupt nichts ändern. Du musst dich schon in Bewegung setzen, um etwas zu verändern.

Mentalität sorgt immer wieder für Witze und begünstigt Spott. Mentale Prägungen bestimmen Staatssysteme, Gesellschaften, Religionsgemeinschaften, Milieus und Familien. Darüber hinaus verfügt jeder Mensch über ein einmaliges mentales Programm innerhalb anderer, größerer Mentalitätsmuster, denen er sich zugehörig fühlt. Zu den wichtigsten mentalen-emotional verknüpften Mustern zählen neben dem des Mangels oder des Nicht-Genug, Glaubensmuster, die die Selbstannahme, den Selbstwert, das Thema Macht, Moral und Sinnhaftigkeit betreffen. Verbindet sich unser Gefühl des

Ungenügend beispielsweise mit Scham, Schuldgedanken, Ohnmachtsgefühlen oder dem Gefühl von Sinnlosigkeit, verstärkt es sich. Menschen kommen sich dann hilflos, ohnmächtig, schuldig oder sogar wertlos vor oder womöglich alles in einem. Das kann so weit gehen, dass wir uns massiv existenziell bedroht fühlen und am Leben verzweifeln, ohne dass es einen echten Grund dafür gibt. Denn der Mensch will tief im Innern einen Sinn spüren und so angenommen werden, wie er ist, vor allem von sich selbst. Anerkennung ist ein zentrales Thema für jeden Menschen – und der Türwächter, der vor jeder Anerkennung steht, heißt Selbstannahme.

Die Welt ist voll mit mentalen Konzepten, die schädlich sind. Weil wir sie gewohnt sind, stellen wir sie kaum je infrage, was wir aber dringend tun sollten, denn Weiterentwicklung ist das Gebot der Stunde. Wenn wir mehrheitlich so weitermachen wie bisher, fahren wir uns selbst an die Wand.

Es schafft düstere Überzeugungen, sich unzulänglich vorzukommen und alles, was man tut, als Versagen zu werten. Wer wüsste das besser als ich? Eine solche Einstellung lähmt uns entweder oder sorgt dafür, dass wir immer schneller im Hamsterrad laufen, weil wir uns und der Welt krampfhaft beweisen wollen, dass wir gut genug sind. Wir stecken dann in einem ständigen Beweiszwang fest. Die durchlässigen und höchst wirkungsvollen

Verbindungen in unserem emotionalen, geistigen und körperlichen Gefüge geraten dadurch in Turbulenzen, besonders im engmaschigen Netz von Emotionalität und Mentalität, welches unsere Psyche abbildet, herrscht dann Aufregung und Durcheinander, also Stress.

Gesunder Menschenverstand ordnet und strukturiert unser Sein in Raum und Zeit und trägt so einen Beitrag zur Stabilisierung der Psyche bei. Gesunder Menschenverstand setzt unsere Energie in bewusstes Handeln um und bringt sie so in eine Form. Gesunder Menschenverstand erlaubt dem Menschen ganz bei sich zu bleiben, indem er ihm, falls erforderlich, einen Weg durch den Dschungel der eigenen Gefühlswelt weist. Gesunder Menschenverstand ermöglicht Zusammengehörigkeit mit anderen, statt sie zu verhindern. Gesunder Menschenverstand lässt Kinder kindlich sein, wachsen und erwachsen werden, ohne ihnen dabei allzu sehr in die Quere zu kommen. Gesunder Menschenverstand gibt uns zu verstehen, dass wir älter werden, auch wenn wir uns noch immer jung wähnen. Gesunder Menschenverstand erinnert uns an unsere Sterblichkeit. So wird er zu einem gemeinsinnigen Partner unserer vielfältigen Absichten und Gefühle.

Das Gehirn braucht Aufgaben, besonders wenn es keine Ruhe gibt oder auf stupide Teilnahmslosigkeit schaltet. Unser Kopf will gefordert sein. Dazu ist er schließlich da. Mag sein, dass wir ihm dies erst wieder einhämmern müssen. Die Aufgabe lautet: Erkenne und verantworte deine mentalen Konzepte! Denn sie haben einen gewissen Einfluss auf deine Gefühlswelt und dein Verhalten. Bewusster zu werden, ist ein Lernprozess. Hilfreich dabei ist, sich selbst und die eigene(n) Identität(en) immer wieder zu hinterfragen. Wie denke ich wirklich, wirklich, wirklich über mich selbst, meine Mitmenschen, das Leben, die Welt? Stimmt, was ich denke? Und was will ich wirklich? Auch wenn Gedanken zunächst nichts als Gedanken sind, Hühner, die gackern, Gänse, die flattern, Meisen, die fliegen, aber deshalb noch lange keine Kinder kriegen, dürfen sie in Bewegung kommen, ihre Richtung ändern und sich Neuem öffnen.

Spätestens seit der Aufklärung ist der Verstand zum herrschenden Maßstab unserer Gesellschaft geworden, obwohl doch im Untergrund die Allmacht der Gefühle lauert. Damit verbunden sind sowohl Glaube als auch Aberglaube, extreme Rationalität und Irrationalität.

Rationale Menschen definieren sich über den Verstand und schauen deshalb oft mitleidig auf die Emotionalen herunter, die in ihren Augen weder die Feinheit noch die intellektuelle Leistung des »Geistes« erreichen. Der reine Geist kann allerdings nicht mit dem Verstand gleichgesetzt werden. Der

Verstand ist begrenzt. Der Geist aber enthält die Fähigkeit, frei und unbegrenzt zu sein. Wir können mit dem wahrnehmenden Beobachter in uns den Verstand von seinen Beschränkungen befreien und ihn weiter kultivieren. Die einzige Auswirkung, die wiederkehrende und damit beherrschende Gedanken zunächst haben, ist ihre Auswirkung auf uns selbst. Fangen allerdings viele Menschen an, so oder so zu denken, vervielfachen sich Gedanken, werden zu einer Ansammlung, erleben Häufung, und wenn sie dann noch zur Umsetzung gelangen, erhalten sie Macht. Und das ist etwas, nachdem der Verstand und die damit verbundene Mentalität insgeheim oder auch völlig ungeniert immer streben. Deshalb ist es so wichtig und bis zu einem gewissen Grad auch notwendig, die eigene Denk- und Mentalitätslandschaft zu erforschen. Zumal uns unsere Gedanken weitaus häufiger im Wege stehen, als wir für möglich halten. Erkenne, welches Geistes Kind du bist. Indem wir unserem Denken so richtig auf die Schliche kommen, können wir gewünschte Veränderungen mental unterstützen, nicht mehr und nicht weniger.

*»Das Niveau unseres Selbstwertgefühls hat Einfluss darauf,
wie wir handeln; und wie wir handeln, hat Einfluss auf
unser Selbstwertgefühl.« (Nathaniel Branden)*

13 | TUN ODER LASSEN?

An dieser Stelle angelangt, bin ich sieben veröffent-
lichte Bücher älter, ohne dass eines davon einen
durchschlagenden Erfolg verzeichnen konnte. Es
fühlt sich an, als befände ich mich am Ende eines
ergebnislosen Langstreckenlaufs. Die Folge: Meine
Selbstzweifel kehren zurück. Ich, die ich das Schreiben so liebe, verliere jegliche Lust, weitere Bücher
zu verfassen. »Es kommt ja eh nichts dabei rüber«,
raunt meine Ratio. Der Mangel greift nach mir –
stärker denn je. Der Drang, alles hinzuschmeißen
und sich wieder in den gewohnten Mustern zu bewegen, breitet sich massiv in mir aus. Alles an den
Nagel hängen? Bücherverbrennung?

Da sind sie wieder, die inneren Beschränkungen!
Das Unerreichte wird zum Hemmnis. Zuversicht
schwindet. Dadurch schränkt sich mein Handlungsspielraum automatisch ein. Die Falle schnappt
zu. Und das stets bereite Über-Ich gibt auch noch
seinen Senf dazu. In Kategorien eingeteilt, sorgen
diese inneren Begrenzungen für vier Verhaltensnor-
mierungen:

1. Ich schaffe das nicht, gekoppelt an depressive Gefühle.
2. Ich brauche jemanden, um es zu schaffen, gekoppelt an Gefühle der Abhängigkeit, Schwäche, Hilfsbedürftigkeit, Kindlichkeit.
3. Ich schaffe das um jeden Preis, selbst wenn ich mich dabei kaputtmache oder extremen Widerstand leisten muss, gekoppelt an autoaggressive Gefühle, die zu aggressiven Affekten führen können.
4. Ich schaffe das, selbst wenn ich dafür über Leichen gehen muss, gekoppelt an aggressiv-dominante bis hin zu narzisstischen Gefühlen.

Menschen, die ein anhaltendes Ungenügend in sich tragen, sind entweder von extremer Passivität bis hin zur Lethargie geprägt oder folgen einer überhöhten Aktivität bis hin zu aggressivem Verhalten. Auch ein sprunghafter Wechsel von beiden Zuständen ist möglich. In jedem Fall aber ist der gesunde Wechsel von Spannung und Entspannung gestört. Auf der Körperebene äußert sich dieser gestörte Tonus als Verspannung. Auf der Emotionsebene durch Befürchtungen und Sorgen. Auf der Mentalebene durch festhaltende, stagnierende Gedanken. Auf der handelnden Ebene durch Selbstsabotage, Trägheit und Verweigerung oder durch Überaktionismus und Überforderung bis hin zum Burn-out. In der Folge erwächst daraus eine Vorwurfshaltung sich selbst, anderen Menschen und auch Gott und der Welt gegenüber. Solange wir uns in diesem Modus befinden, handeln wir nicht aus unserem ursprünglichen Wesenskern, aus unserer tiefsten inneren Überzeugung heraus. Stattdessen versuchen wir über Sekundärbedürfnisse etwas zu kompensieren.

Mangelgefühle entstehen scheinbar aus sehr realen Gründen. Uns fehlt etwas – entweder eine Beziehung, Erfolg, Geld, Gesundheit oder was auch immer – und dieses Etwas lässt sich nicht einfach so herbeizaubern. Es muss sich erst manifestieren, um wirklich zu sein. Doch wie offenbart sich etwas, das nicht vorhanden ist? Und wünsche ich mir eigentlich wirklich, was ich mir wünsche, oder verbirgt sich hinter meinem Wunsch etwas ganz anderes? Sich diese Frage zu stellen, ist berechtigt, denn die Mehrzahl von uns Menschen ist nach der Erfüllung ihrer Wünsche kein bisschen glücklicher oder wenigstens zufriedener als davor. Oft wird die innere Leere dadurch noch größer.

Ich nehme erneut an einem Kurs teil. Wer es nicht allein schafft, braucht einen Coach oder Therapeuten. »Bewusste Absicht« wird mir in diesem Kurs als DIE Möglichkeit verkauft, alle meine Wünsche wahr werden zu lassen. Hätte ich doch bloß früher gewusst, dass sich menschliche Absicht mit universeller Absicht gleichschalten lässt. Ich beginne damit zu experimentieren. Das Wunschkonzert, das millionenfach Bücher, Kurse und Kassen füllt, wird zu meinem ultimativen Test für Erfolg. Wird es funktionieren? Werde ich meinen Selbstwert endlich steigern und dadurch meine Ziele verwirklichen können? Einsteins weltberühmter Satz zur Relativitätstheorie $E = mc^2$ begleitet mich. Energie ist gleich Masse und Lichtgeschwindigkeit im Quadrat. Mir schwirrt der Kopf. In Physik war ich noch nie besonders gut. Aber der kleine Teufel in mir frohlockt und wispert mir zu: »Das werden wir ausprobieren. Was ist dran am Manifestieren?« Ich fange klein und ohne jeden Profitgedanken an. Man soll schließlich nichts übertreiben. Ich will nur wissen, ob es funktioniert. Ich wünsche mir vom Universum etwas sehr Seltenes, das ich nicht in meinen Besitz bringen will, sondern lediglich zu Gesicht bekommen. Wachsam halte ich Ausschau. Fokus sei wichtig, heißt es, die Energie folge der Aufmerksamkeit. Doch so achtsam und fokussiert ich auch bin – nichts. Wochen und Monate vergehen. Das seltene Ding will einfach nicht auftauchen. Hält es sich vor mir verborgen? Bin ich zu blöd zum Manifestieren? Ein Freund erklärt, dass er im Alpha-Zustand immer auf Anhieb einen Parkplatz finden würde. Ich bin also nicht im Alpha-Zustand, sonst würde ich ja endlich zu Gesicht bekommen, was ich beim Universum bestellt habe. Nach einer Phase des Ausprobierens und der Euphorie kehre ich auf den Boden der Tatsachen zurück. Die Sache funktioniert nicht, jedenfalls nicht so, wie ich mir das vorgestellt hatte oder wie behauptet wird. Sowohl positive Ausrichtung als auch intensive Fokussierung bringen offenbar keinen Erfolg. Ich lege das Ganze ad acta, widme mich wieder dem ganz normalen Leben. Ziellos schwebe ich durch die Zeit und den Raum. Mir fehlt der Schwung, ein neues Buchprojekt in Angriff zu nehmen. Sicher, ich könnte mich auf meiner Rente ausruhen und meinen Lebensabend genießen, aber auch das fühlt sich nicht befriedend an. Da eilt mir unerwartet der Launch einer Female Leaderin zur Hilfe.

»Es ist nicht die stärkste Spezies, die überlebt, auch nicht die intelligenteste, es ist diejenige, die sich am ehesten dem Wandel anpassen kann.« (Charles Darwin)

14 | FEMALE LEADERSHIP

Die gesellschaftliche Rolle der Frau hat sich im Laufe der Jahrhunderte stetig verändert. Von völliger Unterdrückung über Lockerung bis hin zu einer Ära des Aufbruchs, der Emanzipation und der Transformation. Derzeit läuten feminine Leaderinnen erneut einen Wendepunkt ein. Es handelt sich um den weiblichen Weg des Erfolges und das in sämtlichen Lebensbereichen. Diese Frauen lehren andere Frauen, radikal zu ihrer Weiblichkeit zu stehen und als Mittel zum Erfolg und zur Lebenserfüllung zu begreifen. Es ist eine Art Revolution des weiblichen Selbstbewusstseins mit bislang unabsehbaren Folgen. Der Zugang zu diesem transformierten Selbstbewusstsein steht jeder Frau offen, wenn sie bereit ist, sich weiterzuentwickeln und bestimmte Schritte zu gehen. Sie ist nicht zwingend vom Geldbeutel abhängig, obwohl in diesem Sektor derzeit jährlich Millionen, wenn nicht gar Milliarden umgesetzt werden. Auch Männer, die den Ruf in sich spüren, können daran teilnehmen. Auf der seelischen Ebene existiert sowieso keine Trennung.

Jeder Mensch trägt weibliche und männliche Anteile in sich.

Emanzipation wird im allgemeinen Sprachgebrauch meist als die Durchsetzung von Freiheitsrechten für Frauen verstanden. Das ist allerdings eine sehr eingeschränkte Deutung dieses Wortes. Ein Mann kann sich ebenso aus Abhängigkeiten befreien und damit zu mehr Freiheit und Selbstbestimmung gelangen. Emanzipation stammt von dem lateinischen Wort »emancipatio« ab, was die »Entlassung des Sohnes aus der väterlichen Gewalt« bedeutet(e). Man kann unter Emanzipation also als die Übernahme der Verantwortung für sich selbst verstehen.

Während es in früheren Jahrhunderten noch Sache des Vaters war, die Selbstständigkeit des Heranwachsenden zu erlauben, handelt es sich heutzutage um einen individuellen Befreiungsakt innerhalb gesellschaftlicher und politischer Gegebenheiten, sobald die Volljährigkeit erreicht ist. Weil Frauen seit Jahrtausenden stärker unterdrückt sind als Männer und darunter mehr leiden, sind sie im Allgemeinen aufbruchbereiter, wie sie seit Jahrzehnten auch ununterbrochen unter Beweis stellen. Bestes Beispiel dafür sind derzeit die Frauen im Iran. Die Emanzipation der Frau umfasst, obwohl das seitens der Männer gern verkannt wird, für beide Geschlechter einen Gewinn. Denn wenn Frauen für mehr Freiheit und mehr Rechte eintreten, kommt das letztendlich auch den Männern zugute.

Emanzipation, so wie ich sie verstehe, blieb lange in den Kinderschuhen stecken, weil die Frauen, die die bestehenden Verhältnisse zu durchdringen versuchten, einen wesentlichen Teil von sich selbst verleugneten, um etwas zu erreichen. Ein Begriff wie »Emanze« assoziiert bis heute den extrem kämpferischen Aspekt der Entwicklung, die über weite Strecken alles andere als leicht war.

Auch der Feminismus sieht sich Vorurteilen ausgesetzt. Soziale Bewegungen, wie die Frauenbewegung, welche sich für die gesellschaftlichen, politischen, juristischen und auf das Arbeitsleben bezogenen Rechte der Frauen einsetzen und damit die soziale und politische Benachteiligung der Frauen aufheben wollen, stoßen immer wieder auf Herabsetzung und Widerstand, ja, müssen manchmal mörderische Gegenwehr erdulden, die jeder Humanität entbehrt. Frauen neigen deshalb dazu, massive Unterdrückung bis zu einem gewissen Grad in Kauf zu nehmen, um ihren Einfluss latent zu sichern. Bei diesem Doppelspiel kommt dem Weiblichen die Fähigkeit zur Anpassung zugute.

Seit einiger Zeit beginnt nun eine neue Entwicklung, ihre Wirkung zu entfalten. Weibliche Leaderinnen, die begeistert, hemmungslos und enorm kraftvoll ihre Weiblichkeit bejahen, setzen sich für die Befreiung anderer Frauen und deren Ziele ein. Ein/e Leader/in ist jemand, der für sich selbst und andere Menschen größere Räume des Denkens, Fühlens und Handelns eröffnet und hält. Räume, die bislang nicht vorstellbar waren und zu denen die meisten Frauen dieser Welt keinen Zugang hatten und weiterhin nicht haben. Feminines Leadership ist das Gebot der Stunde, denn die noch immer vorherrschende maskulin-dominante Führung ist für die Zukunft des Menschen auf diesem Planeten zum Problem geworden.

Wirtschaftliche Ungleichheiten, Kriege, die Klimakrise, der Werteverfall und die Beugung des Rechts auch in Ländern, die dieses Recht festgeschrieben haben, belegen deutlich, dass es neuer Antworten und Vorgehensweisen bedarf. Drängende Probleme müssen bewältigt und gelöst werden. Und offenbar ist das Patriachat dazu nicht in der Lage. Die Menschheit braucht einen Bewusstseinssprung, um die vor ihr liegenden Aufgaben zu bewältigen. Es ist längst offensichtlich – rein männliche Führungsqualitäten wie Disziplin, Entschlossenheit, Durchsetzungsvermögen, Fokus, Rationalität, Risikobereitschaft, Wettbewerb und Zielorientierung allein vermögen keinesfalls, die menschliche Zukunft zu sichern. Sie sorgen zwar für Fortschritt, aber nicht auf eine Weise, die dem Leben auf dieser Erde auf eine wirklich lebensbejahende Art dienlich ist. Dazu bedarf es neuer Qualitäten und Sichtweisen.

Echte feminine Führung basiert auf Altruismus, Anerkennung, Beziehungsfähigkeit, Empathie, Empfänglichkeit, Großzügigkeit, Inklusion, Intuition, Kooperation, Kreativität, Sensibilität und Verletzlichkeit. Das ist nicht unbedingt geschlechtsspezifisch. Zunehmend sind auch viele Männer bereit, das Feminine in sich anzuerkennen. Und umgekehrt will noch immer ein Teil der Frauen lieber der bessere Mann sein, als ihre Weiblichkeit zu befreit und bewusst zu leben. Es handelt sich um größere Zusammenhänge, um die Integration der männlichen und weiblichen Anteile in jedem von uns und um eine Verschmelzung mit dem, was den Menschen als Mensch ausmacht. Es handelt sich um einen Seinszustand, der sich im Einklang befindet und anerkennt, dass der Mensch ein ganzheitliches Wesen ist. Der weiß, dass wir Teil von etwas Größerem sind, Teil von Mutter Erde, geboren, um uns zu verbinden, zu teilen, zu lernen und uns zu entwickeln, aber auch Teil des Kosmos, den wir in seiner Unermesslichkeit, in der fremde Welten von Ewigkeit zu Ewigkeit kreisen, allenfalls achten, nicht jedoch bezwingen können. Einen Seinszustand, der uns zu Menschen macht, die hinschauen statt wegblicken, die kommunizieren statt verschweigen oder verdrängen, die kooperieren statt angreifen und die mitfühlen statt verurteilen, befreien statt unterdrücken. Es geht um die Macht der Liebe und nicht um die Macht als Selbstzweck oder um ein Selbst als Selbstzweck. Unterstützt von gesunden männlichen Qualitäten eröffnet weibliche Führung den Raum für die Akzeptanz von Vielfalt, setzt sich für Kreativität, für das Zusammenwirken und den unterstützenden Wettbewerb ein. Authentisches feminines Leadership ist in der Lage, sich energetisch zu verbinden und das Potenzial anderer liebevoll zu erschließen. Gleichzeitig gehört sie uns allen. Sie entspringt einem Feuer, das unzerstörbar ist und in jedem einigermaßen gesunden Menschen, ob Frau oder Mann, lebt. Es ist eine Kraft, die uns antreibt und uns Stärke verleiht, selbst wenn wir uns ihrer nicht bewusst sind.

Weiblichkeit und Männlichkeit sind wie Yin und Yang. Beide Pole sind wichtig für unsere Spezies. Yin kann umso tiefer einatmen und für die Bewahrung des Lebens stehen, je vollständiger sich Yang das Ausatmen, das Sichern dieses Lebens, erlaubt. Jeder von uns trägt beide Seiten in sich, auch wenn sie nicht zwangsläufig ausgelebt werden oder gleichermaßen stark sein müssen. Noch immer besteht jedoch ein deutliches Ungleichgewicht, was diese beiden Pole betrifft. Und sind Yin und Yang nicht im Gleichgewicht, kann die Welt nicht im Lot sein. Das ist ein Widerspruch in sich.

Weibliches Leadership ist der Grund, weshalb du diese Zeilen hier liest. Du bist hier, weil etwas in dir durch meine Worte neue Nahrung erhalten und Früchte hervorbringen will, die du vielleicht noch nicht kennst, die aber schon am Reifen sind. Du bist bereit, Neuem in dir zuzustimmen.

Mich stößt die Leaderin, die den Launch abhält, auf einen Aspekt, den ich mir noch nie zuvor vergegenwärtigt habe. Sie spricht zur Einführung ihrer neuen Masterklasse über einen Umstand, der sie selbst zur Betroffenen machte, nämlich über den Unterschied zwischen dem eingepflanzten Selbstbild, das sie als Joker bezeichnet, und unserer wahren Essenz. Der Joker in uns kompensiert das Gefühl der Unzulänglichkeit häufig mit Dingen, die wir in dieser Welt für erstrebenswert halten. Dabei ist uns nicht bewusst, dass wir dem eingepflanzten Selbstbild dienen, statt unserer wahren Essenz zu folgen. Das Wort Kompensation lässt ein Warnblinklicht in mir aufleuchten. Kann es sein, dass ich mir mit dem Wunsch nach Erfolg als Autorin auch nur etwas zu beweisen versuche? Ist der Beweiszwang der Grund, weshalb ich plötzlich keine Lust mehr verspüre? Ist meine ureigenste Intention womöglich eine ganz andere? Es dauert ein paar Tage, dann habe ich den Joker identifiziert. Er sieht nur auf den ersten Blick lustig aus. In Wahrheit ist sein Lächeln eingefroren und sein Blick starr. Es ist Zeit, diesen Kreislauf zu durchbrechen. Ich trete einen Schritt zurück und weiß plötzlich wieder, was ich will. Danke an dieser Stelle, liebe Annegret Braun. Die Schaffensfreude ist zurück.

Sich selbst frei zum Ausdruck zu bringen und in
Anbindung an unser Urwesen die eigenen Möglichkeiten
zu leben, ist von unermesslichem Wert. Denn das, was uns
einzigartig macht, und jeder Mensch ist einzigartig, ist
unser eigentliches und zugleich größtes Geschenk an uns
und andere. Statt uns zu vergleichen oder womöglich sogar
abzuwerten, sollten wir uns in jedem Augenblick fragen:
Was macht mich so einzigartig?
Und wie kann ich damit dienen?

15 | SELBSTANNAHME UND SELBSTBEWERTUNG

Solange wir uns selbst abwerten, und sei es noch so minimal, solange wir uns nicht mit all unseren Stärken und Schwächen annehmen, verhindern wir das Wesentlichste, das wir auf diese Erde mitgebracht haben, nämlich uns selbst. Eine destruktive Selbstwahrnehmung gehört zum Schlimmsten, was wir uns antun können. Angenommen zu werden, ist ein menschliches Grundbedürfnis. Dieses Grundbedürfnis wird jedoch häufig schon in frühester Kindheit missachtet oder sogar gänzlich abgewiesen. Statt der Annahme begegnen wir dem Stress unserer Eltern und/oder dieser Welt. Das prägt unser Selbstbild nachhaltig. Wir verinnerlichen, dass unsere Bedürfnisse nicht wichtig sind, dass wir uns anpassen und kleinmachen müssen, um Annahme und Anerkennung zu erhalten. Das wiederum führt dazu, dass wir ständig um Anerkennung ringen und uns zu beweisen versuchen, dass wir würdig sind, anstatt unser volles Potenzial zu entfalten.

Selbstwert hat verschiedene Aspekte. Es ist zum einen das sattelfeste Gefühl, dem Leben mit all seinen Herausforderungen gewachsen zu sein. Zum anderen ist es das Vertrauen in unser Recht auf Glück, Liebe und Erfolg. Darüber hinaus ist es das sichere Empfinden, unsere Bedürfnisse und Wünsche geltend machen zu dürfen, Wertvorstellungen zu verwirklichen und unsere Errungenschaften zu feiern und zu genießen. Der eigene Wert ist eine treibende Kraft in uns. Wir können ihn nicht hoch genug einschätzen. Es ist ein Wissen, welches uns antreibt, forschen oder suchen lässt, es ist der Mut, über Grenzen zu gehen, es ist die Stärke, etwas zu tun, was keiner in deiner Familie vor dir wagte. Manchmal verlieren wir uns dabei in äußeren Erfolgen, lassen uns ablenken oder verkennen, worum es uns wirklich geht. Genau dann dürfen wir zu uns zurückkehren, in uns hineinhorchen, auf unsere Essenz vertrauen, ganz gleich, wie unser Umfeld darauf reagiert. Unsere Kraft wächst, wenn wir unsere Dämonen ans Licht zerren. Die Menschheitsgeschichte bringt zum Glück auch immer wieder die Großen hervor, die sich ihres Wertes von Anfang an tief bewusst sind und sich mutig selbst überflügeln. Um sich selbst nichts vorzumachen, ist Selbsteinschätzung dabei von enormer Bedeutung.

Etwas in mir klärt sich. Noch bevor ich richtig schreiben gelernt hatte, wollte ich schon Schriftstellerin werden. Ein uneingestandener Traum und eine äußerst verwegene Idee für ein Kind wie mich. Nichts prädestinierte mich dafür. In meiner Familie gab es bislang nur Hauptschulabschlüsse, harte Arbeit und Lebenskampf. Das Familienkonzept sah weder eine Autorin noch sonst irgendeine große Karriere vor. Schon gar nicht für ein Mädchen. Meine Eltern waren emsig und knallhart damit beschäftigt, eine finanziell bessere Zukunft zu erschaffen. Für intellektuelle Leistungen hatten sie wenig Sinn und schon gar nicht für irgendwelche träumerische Flausen. Und sie hielten alles für Flausen, was nicht ihrem materiellen Weltbild entsprach. Hinzukam, dass mir ständig vermittelt wurde, ich sei sowieso nicht in der Lage, irgendetwas gut oder richtig zu machen. Die Vorstellung, Bücher zu schreiben, versank deshalb rasch wieder in der Versenkung. Wer holt schon etwas aus sich heraus, was in ihm schlummert, und lässt es frei und vertrauensvoll fließen, wenn er bereits in jungen Jahren zu dem Schluss gelangt, dass er nicht gut genug dafür ist? Bevor es mit meinem Selbstwert so richtig bergab ging, wollte ich auf jeden Baum klettern, der mir vor die Nase kam. Schon als Kind liebte ich es, von weiter oben einen Blick auf das Ganze werfen zu können. Hin und wieder ging das gehörig schief. Und so kam es, wie es kommen musste. Nach zwei, drei Abstürzen mit mächtigen Beulen verbot mir meine Mutter jede weitere Kletterei. Sie war sehr beschäftigt und hatte weder Zeit noch Lust, mit mir das Klettern zu üben. Außerdem befürchtete sie, dass ich eines Tages mit Schädelbasisbruch unterm Baum liegen würde. Mir selbst bereiteten die Beulen wenig Kummer. Der heftige, aber kurze Schmerz war in der Regel schnell vergessen, während es mir immer sehr viel Freude bereitete, im Baumwipfel zu hängen. Doch meine Mutter sah das anders und gewöhnte mir das Klettern mit allen Mitteln ab, die ihr zur Verfügung standen. Das Ausgebremst-Werden hatte Folgen. Wenn überhaupt, kletterte ich nur noch heimlich und mit schlechtem Gewissen. Mit der Zeit stellte ich mich dabei auch immer ungeschickter an und wurde schließlich immer unsicherer, gehemmter und verkrampfter. Dieses Muster setzte sich Jahre später, als ich schon ein Stubenhocker geworden war, im Sportunterricht fort. Obwohl ich im Ansatz durchaus ein Talent in manchen Disziplinen hatte – im Hochsprung hätte man sogar eine kleine Meisterin aus mir machen können – zog ich mir häufig Verletzungen zu, und sobald ich Angst bekam, versagte ich völlig. Ich wurde zu einem steifen

Kind und trug früh den Stempel der Unsportlich-
keit. Daraus resultierten Mutlosigkeit und ein starkes Vertrauensdefizit in meine Geschicklichkeit. Es
sollte viele Jahre dauern, bis ich meine immanente
Bewegungsfreude wiederentdeckte.

Selbstsabotage ist sehr subtil. Wir boykottieren
uns auf Grund eines in uns angelegten Musters und
verteidigen dieses Muster auch noch, damit wir
uns nicht noch mieser fühlen. Damit binden wir
unsere Energie und verhalten uns unbewusst womöglich völlig konträr zu unseren tiefsten inneren
Wünschen. Dies ist nur ein kleines Beispiel aus dem
Kontext meiner komplexen, emotional-mentalen
Programmierungen, die sich, wie ich schon darge-
legt habe, aus den festsitzenden Prägungen unserer
Vorfahren und anderer Einflüsse in Verbindung mit
unserer Veranlagung konzipieren und unser Leben
maßgeblich mitbestimmen. Es sei denn, wir überwinden sie.

Fakt ist, dass ich aus dieser emotionalen Mentalität heraus auch die wundervolle Absicht vergaß, Schriftstellerin zu werden. Da es in der Welt,
in der ich aufwuchs, so etwas nicht gab, nicht einmal ansatzweise, sah ich mich dazu veranlasst, es
wegzudrücken. Schließlich wollte ich dazugehören
und das bedeutete, ein Kind zu sein, das den Vorstellungen der Eltern entsprach. An meinen Traum,
Schriftstellerin zu werden, erinnerte ich mich erst

wieder, als ich neunundvierzig Jahre alt war. Und es musste eine Menge passieren, damit es mir wieder in den Sinn kam. Meinem Ungenügend jagte dieser Wunsch, der inmitten einer schweren Krise auftauchte, einen ziemlichen Schrecken ein. Es wimmerte: »Du willst Buchautorin sein? Das schaffst du nie. Außerdem bist du zu alt, um noch etwas zustande zu bringen.« Es wand sich wie ein Wurm. Doch meine intrinsische Motivation war stärker. Und nun? Ich treffe eine Entscheidung. Handeln ist ausschlaggebend.

Was uns wirklich motiviert, hält uns frisch und lebendig.

16 | MOTIVATION

Vereinfacht ausgedrückt, ist Motivation der Antrieb, der einen Menschen veranlasst, etwas Bestimmtes zu tun. Ist dieses Gefühl stark und erfolgt
es aus unserer ureigensten Antriebskraft, wird die
Handlung, die daraus erfolgt, zum Selbstläufer. Das
bezeichnet man als intrinsische Motivation. Handeln wir aufgrund von Impulsen, die von außen
kommen, spricht man von extrinsischer Motivation.

Die wenigsten von uns sind hochmotiviert. Die
meisten pendeln zwischen forciertem Antrieb von
außen, schierer Antriebslosigkeit oder Druck, den
sie sich selbst machen oder der an sie herangetra-
gen wird. Wir sind in der Regel weit entfernt von
dem, was man Selbstmotivation nennt. Stattdessen
sind wir entweder übermotivierte Adrenalin-Jun-
kies, untermotivierte Couch-Potatoes oder brave
Mitläufer des Systems ohne eigene Motivation.
Insgesamt kann man sogar sagen, dass die meisten
Menschen Motiven unterliegen, die sehr stark von
außen kommen, aber nicht wirklich aus ihnen selbst.
Wie konnte das passieren? Wir erinnern uns – einst
haben wir das Laufen, das Sprechen und so vieles
mehr gelernt. Niemand musste uns dazu anhalten.

Und niemand konnte uns dabei aufhalten. Weder mussten wir angefeuert noch dazu gezwungen werden. Wir entwickelten und lernten vollkommen freiwillig. In unserem Tempo zwar und individuell verschieden, aber wir waren mit Eifer und Freude dabei. Verantwortlich ist ein innerer Antrieb, dem wir unaufhaltsam folgen. Robbend, krabbelnd schließlich auf eigenen Beinen stehend und gehend erkundeten wir unsere Umgebung, fingen an, zu sprechen, zu singen, zu hüpfen, zu klettern, die Welt zu erkunden. Doch plötzlich wurde unser Selbstbild einem Maßstab unterworfen, der uns einen künstlichen Anstrich verpasste, und als wir größer wurden, hielten wir diesen künstlichen Anstrich für normal und vergaßen unser natürliches Selbst.

Motivation ist ein komplexes Phänomen. Der Prozess, der uns aktiviert, besteht nicht allein aus körperlichem, sondern auch aus geistigem und seelischem Antrieb – Motivation, Inspiration und Animation. Unsere wahren Beweggründe zu erkunden, ist eine erstaunliche Sache. Was könnte faszinierender sein, als sich dem Wirkungsgefüge zu nähern, in das unsere Primärmotivation eingewebt ist wie ein reißfester, goldener Faden, der uns mit unserer ursprünglichen Lebenskraft verbindet? Sogar ein Selbstkonstrukt, das auf wackeligen Beinen steht, lässt sich davon mitreißen. Zu erkennen, was uns bewegt und nährt und damit wirklich lebendig hält, ist etwas vom Wunderbarsten, das uns im Leben zuteilwerden kann.

Die motivierende Grundausstattung an sich ist bei allen Menschen ähnlich. Innerhalb dieser Grundausstattung gibt es allerdings verschiedene Ausrichtungen, Ausformungen und Mischungen. Es gibt eine eher bindungsorientierte Ausrichtung, eine eher effizienzorientierte Ausrichtung, eine eher ergebnisorientierte Ausrichtung und eine eher theorieorientierte Ausrichtung. In dieses durchaus komplexe Gefüge, das unseren Antrieb regelt, reiht sich noch ein Potpourri von Motiven. Dem Pionier der Motivationsforschung Steven Reiss verdanken wir ein erstes Durchleuchten wichtiger Lebensmotive. Er untersuchte in den 1990er-Jahren, was Menschen im Innersten antreibt. Herauskam die Theorie der sechzehn Lebensmotive. Sie beschreiben die individuelle Motiv- und Antriebsstruktur einer Persönlichkeit. Nach Reiss setzt sich ein individuelles Motivationsprofil aus Motiven wie Anerkennung, Beziehungen, Ehre, Eros, Essen, Familie, Idealismus, körperliche Aktivität, Macht, Neugier, Ordnung, Rache, Romantik, Sparen, Status und Unabhängigkeit zusammen. Diese Motive sind antreibende, leitende und richtungsgebende psychische Ursachen des Handelns. Reiss stellte außerdem fest, dass wir schätzen, was wir wollen, und dass wir wollen, was wir schätzen (»We value, what we want, and we want, what we value«). Das bedeutet, dass wir nie absichtslos agieren, sondern uns immer irgendetwas davon versprechen, was auch immer das sein mag.

Für noch wichtiger halte ich, zu verstehen, aus welchen Motivatoren sich unser Antrieb zusammensetzt, denn diese Motivatoren sind die emotionale Basis unserer Begeisterung und unserer Leidenschaften. Persönlichkeitsanalysen arbeiten vorwiegend mit acht Motivatoren.

1. Ästhetik.
2. Effizienz, Wirschaftlichkeit.
3. Individualismus, Unabhängigkeit.
4. Macht, die Bereitschaft, Verantwortung zu übernehmen.
5. Altruismus.
6. Ordnung, Regulation, Struktur.
7. Kommunikation.
8. Wissensdrang, Neugierde.

Die eigenen Motivatoren zu kennen, ist höchst wertvoll, denn je größer die Schnittmenge zwischen Mindset, Motivatoren und Verhalten, desto bessere Ergebnisse erzielen wir und desto erfolgreicher und erfüllter fühlen wir uns. Was wir tun, hat immer eine Auswirkung. Doch wie viele von uns kennen wirklich ihre Vision? Und wie viele sind tatsächlich bereit, sie umzusetzen? Die meisten Menschen kennen nicht einmal ihre Hauptmotivatoren. Würden sie es, wären sie bereit, sich von allem zu verabschieden, was sie davon abhält, ihrer Mission zu folgen, denn wer wirklich motiviert ist, kann nicht anders. Wozu tun wir etwas oder wozu tun wir etwas nicht? Diese Frage ist deshalb so interessant, weil sich der Sinn unseres Lebens nicht automatisch auf Anhieb erschließt. Du kannst glauben, dass du mehr Geld generieren möchtest, aber kaum hast du es, stellst du fest, dass du kein bisschen zufriedener bist als zuvor. Wer dem Geld nachjagt, weil er glaubt, dass es frei macht, ist möglicherweise mittendrin, sich ein neues Gefängnis zu bauen.

So wie es keine wirklichen Regeln für Tun oder Lassen gibt, existieren auch keine Regeln für ein erfolgreiches und erfülltes Leben, auch wenn viele Coaches einem das so verkaufen wollen. Leben erfüllt sich, wenn wir erfüllt sind. Wir wiederum fühlen uns erfüllt, wenn wir unserem ureigenen Sinn folgen. Deshalb gilt es herausfinden, was uns primär motiviert, denn dann kann sich unser individueller Lebenssinn erfüllen. Das bedeutet, in der viel größeren Absicht, in die wir eingebettet sind, achtsam zu sein, uns und unsere Bedürfnisse so bewusst wie möglich wahrzunehmen und Stille zu üben. Es ist ein Lauschen, ein Nachspüren, eine Offenheit, ein Sein, ohne zu erwarten, zu kontrollieren oder zu wünschen. Und plötzlich wird uns gewahr, was das Leben uns mitteilen möchte, denn es spricht mit uns, wenn wir uns dafür öffnen, oder es sendet Zeichen. Es ist nichts weiter erforderlich, als sich hinzugeben. Es ist ein Zulassen, ein Vertrauen in das, was ist. Schwimmen und sich tragen lassen. Unsere Schatten werden mit Gewissheit unsere Begleiter sein, denn sie sind in die hierarchische Ordnung unserer selbst eingewebt. Manchmal werden sie ihr Vorhandensein demonstrieren. Dann werden wir uns herausgefordert fühlen, vielleicht zaudern, zögern, zweifeln oder was auch immer. In der Welt von Coaching, Persönlichkeitsentwicklung und spirituellen Praktiken ist Schattenarbeit beliebt. Das galt lange auch für mich, denn ich liebe es, genau hinzusehen, zu erkennen, zu verstehen und zu analysieren. Doch das Drama muss nicht wieder und wieder gefühlt werden, damit wir es überwinden. Einmal genügt, und das auch nur, wenn der Stachel, der in uns steckt, so giftig ist, dass man ihn herausziehen muss. Wir können die Energie einer emotionalen Blockade, die sich löst, nutzen, um freier zu werden, einfach indem wir sie annehmen, ohne sie zu bewerten. Aber wenn wir uns in Schattenarbeit verlieren, uns zu sehr von Emotionen, gleich welcher Art, gefangen nehmen lassen, ist niemandem, am allerwenigsten uns selbst gedient. Mind over matter, Geist über Materie bedeutet, dass wir aufhören, uns mit den Dramen und der Vergangenheit zu beschäftigen und stattdessen lösungsorientiert auf das schauen, was sein soll und dieser Richtung unbeirrt folgen. Das ist eine Entscheidung und eine fortlaufende Übung, da sich die meisten von uns diese neue Art Fokus erst antrainieren müssen.

Im Leben geht es rauf und runter. Doch wenn wir hingebungsvoll und neugierig bleiben, werden sich das Gewordene, das Seiende und das Werdende im Frequenzspektrum der Dualität vereinen und in einem Licht- und Schattenspiel zur Einheit verschmelzen. Dann sind wir im Einklang. Und dieser Einklang ist völlig unabhängig von Beifall und äußerem Erfolg. Wir sind im Prozess und gleichzeitig Beobachter des Prozesses.

Die Worte fließen mir zu, und ich kann nicht aufhören, sie einzusammeln und in Bücher zu bannen. Manchmal überfluten sie mich auch wie ein Wasserfall. Ein Glück, dass mein cleveres Ego, das immer noch auf Erfolg hofft, darauf besteht, sie aufzuschreiben. Noch immer ist mein Selbst in einem Teilboykott gefangen, auch mein inneres Kind ist nicht völlig geheilt. »Siehst du«, schreit mein Ungenügend, »ich habe es dir gesagt. Das bringt doch alles nichts.« Doch, tut es.

... zu verstehen, wie endlich das Leben ist ... Nicht dem
Ärger Raum geben, sondern der Liebe. Immer wieder aufs
Neue. Den Hühnerdreck begraben, stattdessen die Trommel
schlagen. Was uns wirklich ausmacht, was uns wirklich
etwas bedeutet, nicht auf morgen vertagen, sondern heute
leben. Zustimmen, weil jeder im Zentrum seiner eigenen
Schöpfungen steht. Verantwortung übernehmen.
Aufrichtig sein. Denn du bist es. Immer nur du.

17 | ZUSAMMENFASSUNG

Die Auseinandersetzung mit dem Selbst ist keineswegs eine Selbstverständlichkeit. Wir sind meistens viel zu konditioniert, beschäftigt und abgelenkt, um uns wirklich Zeit für uns selbst und unsere Entwicklung zu nehmen. Und wir sind oft halbherzig. Wir identifizieren uns weitaus häufiger mit unseren Konditionierungen als mit dem, was wir wirklich wollen. Wir betrachten unser Selbstbild als »normal« und nehmen deshalb all die Lücken hin, die sich für uns daraus ergeben. Um die Leere, die eine Folge davon ist, nicht fühlen zu müssen, decken wir uns mit Arbeit zu, jagen Dingen nach, die uns zwar kurzfristig befriedigen, aber langfristig nicht weiterbringen. Oder wir versuchen andere zu dominieren, verfallen einem unbändigen Machtanspruch, großer Geldgier, was auch immer. Auch das Gegenteil ist möglich – wir hängen durch, geben uns dem Drama hin, wälzen uns in Schuld, Mangel und Kummer. So oder so, wir erfüllen nicht unser Leben. Stattdessen stehen wir unter einem ständigen Beweiszwang, und sei es die Sucht, anderen gefallen oder nicht anecken zu wollen. Das entfernt uns noch weiter von uns selbst, weil unsere Aufmerksamkeit ganz auf das Außen und äußere Errungenschaften gerichtet ist. Ein Leben, das so gelebt wird, stützt sich auf ein Selbstkonstrukt, das nicht dem wahren Kern unseres Wesens entspricht, obwohl es uns so vorkommen mag. Wir leben in einer dysfunktionalen Identität, die uns nicht wirklich dient. Solange wir diesem unechten Selbstbild Folge leisten, sind wir niemals ganz zufrieden und glücklich. Wir erzielen auch nicht die Ergebnisse, die wir erzielen könnten oder uns wünschen würden. Hinzukommt, dass wir uns, unseren wahren Wesenskern und damit verbunden unseren wahren Wert und unsere Integrität verraten, wenn wir uns in diesem Zustand aufhalten. Es ist wesentlich für einen Menschen, sein ursprüngliches Selbst zu leben. Denn erst wenn wir unser wahres Wesen verkörpern, erfahren wir uns in unserer Ganzheit. Tun wir es nicht, können wir sehr leicht instrumentalisiert und zum Spielball anderer Interessen gemacht werden. Wir werden regiert, statt selbst zu regieren.

Wir sind wertvoll unserer selbst willen. Wir besitzen einen Urkern, der heil und heilig ist, doch die wenigsten von uns empfinden das so. Die meisten gehen davon aus, dass sie ihren Wert oder sonst irgendetwas erst einmal beweisen müssen.

Ein Mensch, der sich in welcher Form auch immer für ungenügend hält und seinen Wert außer Acht lässt, weicht sich selbst aus und baut sein Leben zumindest teilweise auf einer Lüge auf. Die Liste, wie wir Selbstsabotage praktizieren und uns selbst um unseren Wert betrügen, ist endlos. Der Mensch ist ein Meister des Pseudoselbstwertgefühls. Fast alle von uns bestätigen fortlaufend ihren Pseudowert, anstatt wirklich bei sich zu sein. Daran kann auch positives Denken nichts ändern. »Think positive« und ein gestähltes Mindset sind zwar hilfreich, weil sie durch zielführende Absichten unseren Fokus verstärken und unsere gefühlte Ausrichtung bekräftigen, aber für sich allein sind sie nur sehr begrenzt wirksam. Die einseitige Arbeit am Mindset birgt zudem die Gefahr, dass wir uns noch weiter von unserem eigentlichen Selbstsein entfernen, weil mit der Mindset-Politur häufig die Sehnsucht nach Glanz, Geld und Glamour verknüpft ist. Dies führt dann dazu, dass wir den Vorstellungen derer nacheifern, die diesen Glanz und Reichtum repräsentieren und so in das Fahrwasser der Selbstperfektionierung oder der Selbstüberhebung geraten. Bleiben die ersehnten Erfolge aus, schwächt sich unser Selbstwert weiter ab. Zu glauben, man müsse nur am Mindset arbeiten und der Rest komme von allein, ist ein Ammenmärchen, dem heute viele anhängen. Um seinen Selbstwert zu steigern und erfolgreich(er) zu werden, bedarf es aber weitaus mehr.

Das Wichtigste: Wir müssen endlich fühlen, uns fühlen. Nichts mehr unter den Teppich kehren, beschönigen oder übersteigern, sondern fühlen, was wir wirklich fühlen. Unsere Gefühlswelt ist der Gradmesser für unsere Befindlichkeit und bildet die Basis für jedwede Veränderung. Unser Verstand als Vater der Gedanken ist super, denn unser Denken kann uns den Weg durch die Wirklichkeit bahnen, neue Horizonte und Perspektiven eröffnen, die Zukunft planen und unseren Fokus stählen. Was unser Denkapparat jedoch nicht kann, ist uns allein durch Gedanken und Affirmationen in eine neue Wirklichkeit und Wirksamkeit zu katapultieren. Dazu braucht es weitaus mehr, beispielsweise eine veränderte Energie, die der Körper für uns wahr macht, und daraus resultierend neues Handeln. Und diese Umsetzungskraft kann nur entstehen, wenn wir uns unseren wahren Gefühlen stellen und unsere Herzenskraft aktivieren. Über das Fühlen gelangen wir schließlich zum Wissen, zur Verkörperung und zur Selbstannahme.

Gesunde Gefühle vermögen uns einen sicheren und erfüllenden Weg durchs Leben zu weisen. Sie sind wie Zauberkraft, reinste Alchemie. Da Gefühle aber bereits von unseren Urahnen verbarrikadiert, vereist und verzerrt wurden und womöglich von frühester Kindheit durch massive Einschnitte und Züchtigungen blockiert sind, haben sich die meisten von uns vom Zauber des tiefen Fühlens entfernt. Das menschliche Sein kennzeichnet heute ein erhöhtes Erregungsniveau in Körper und Psyche und ist durch ungünstige Denkstile, Fehlannahmen, Glaubenssysteme und emotionale Muster längst zu einem Problem für sich selbst und diesen Planeten geworden. Unser biologisch angelegter Schutzinstinkt, das Furchterleben, um die Art zu schützen und zu sichern, hat sich auf diese Weise gegen uns gekehrt. Es kommt zu Fehlsteuerungen des Angst-Stress-Reaktionssystems und zu Anspannung im Übermaß, obwohl wir keinen realen Gefahren ausgesetzt sind. Diese Fehlsteuerung wird meistens schon von unseren Vorfahren auf uns übertragen und von der Gesellschaft forciert, soll heißen, wir leben in einem System, das fortlaufend Angst produziert, anstatt uns davon zu befreien. Und wir machen mit, denn wir setzen nahtlos fort, was uns »mitgegeben« wurde, ja, gieren sogar oft danach. Angst jenseits realer Gefahren sitzt im Emotions- und Mentalkörper. Sie erfolgt aus Bewertungen von Objekten und Situationen, die für sich allein nicht angstauslösend sind, von uns aber so bewertet werden. Schaltzentrale dieser »Angst«, die eigentlich keine ist, ist der Mandelkern des Gehirns, die Amygdala. Sobald uns Ungünstiges widerfährt, bauen wir das erinnernd und widerspiegelnd in unser Selbstkonzept mit ein. Wenn sich später dann ähnliche Situationen ereignen, schrillt unser inneres Alarmsystem und reagiert. Schrillt es zu häufig, leiden unser Nervenkostüm, unser Herz und andere Organe. Auch unser Verhalten entspringt unserem emotional-mentalen Selbstkonzept. Das Ganze ist also sehr verflochten. Wir Menschen befinden uns die meiste Zeit in einem Gemisch aus komplexen Emotionen zusammen mit einer relativ fixen Mentalität. Reine Gefühle sind, das sei wiederholt, höchst selten. Das eigene Gefühlspotpourri mischt sich zudem mit der Gefühlsmenge aller anderen Menschen, sodass eine unglaubliche Gefühlswelt entsteht, in der es, blitzt, funkelt, donnert, dümpelt, brodelt, kocht, spritzt, strahlt und zischt. Außerdem ist unsere Gefühlswelt Teil eines ganzen Gefühlskosmos. Dieser Kosmos ist grenzenlos. Durch eine Art Verknüpfung können sich sprunghafte Veränderungen in ihm ereignen, Ereignisse, die unser Leben zum Besseren weben. Stark vereinfacht: Unsere Gefühlswelt ist unbegrenzt und fließend und damit auch unsere Identitätsmöglichkeiten.

Alles beginnt mit unseren Gefühlen. Doch wir Menschen haben uns von uns selbst entfremdet – und das schon sehr, sehr lange. Der gefühlsbetonte Teil von uns wurde vor Tausenden von Jahren domestiziert und verbarrikadiert. Ausgerechnet der Teil, der uns mit unserem Urgrund verbindet und der uns erdet, denn wir sind nun mal menschlich, wurde ins Abseits gedrängt oder, schlimmer noch, denunziert. Die empfindende-empfangende Intelligenz, das Weibliche, das Weiche in uns – sei es nun in einer Frau oder in einem Mann, denn es ist beiden Geschlechtern immanent – wurde mit Scham und Schuld belegt und dadurch unfrei gemacht. Da sie sehr tief und unbewusst in uns verankert sind, zählen Scham und Schuld zu den hartnäckigsten Emotionen schlechthin. Wenn Schuld und Scham ins Spiel kommen, bauen wir mehr oder weniger automatisch Schutzschilder auf, um sie ja nicht hochkommen zu lassen und aushalten zu müssen. Während Scham eine Reaktion ist, bei der es zu einer Kollision zwischen unseren Gefühlen, unserer Moral und unserem Sicherheitsbedürfnis kommt, setzt Schuld immer irgendwie die Annahme voraus, dass wir das Geschehen beeinflussen könnten, ist also mit Kontrolle verbunden, und führt dazu, dass wir meinen, etwas gutmachen zu müssen. Wir Deutsche liefern ein Paradebeispiel dafür. Bei uns ist das eine Art Dauerzustand. Unser kollektives Schuldgefühl ist seit den Weltkriegen so fundamental, dass wir entweder mit Verdrängung oder Wut/ Widerstand reagieren, kaum jedoch neutral bleiben können. Es ist problematisch, dass diese kollektive

Schuld nie wirklich aufgearbeitet wurde. Das wäre nämlich notwendig, um sie schließlich zu überwinden. Irrationale Schuld ist ein probates Mittel, unsere Ohnmacht durch die Illusion von Kontrolle zu kaschieren.

Gefühle werden häufig bis hin zur völligen Gefühllosigkeit unterdrückt. Umgekehrt lassen sich sehr gefühlige Menschen oft von den Emotionen anderer durchdringen, da sie entweder ihrem Umfeld mehr Bedeutung beimessen als sich selbst oder weil sie nie gelernt haben, sich abzugrenzen. Wie ich bereits aufgeführt habe, gibt es triftige Gründe für diese Zustände. In unserem Selbstkonstrukt haben sich individuelle Blockaden fixiert, die meist aus der frühen Kindheit stammen. Darüber hinaus transportieren wir, sofern sie nicht aufgelöst wurden, die Blockaden unserer Ahnen und kollektive Sperren weiter, die, wie gesagt, vor Tausenden von Jahren implementiert wurden und die Menschheitsgeschichte durchziehen wie ein roter Faden.

Die erkennende, realisierende Rationalität, das Männliche in uns, ist ebenso blockiert. Das hängt mit den Sperren im Gefühlskörper zusammen, da sich das nicht wirklich trennen lässt. Jeder von uns weiß, wie starr und unflexibel das Denken sein kann, wie wenig bereit, sich aufzudehnen, wie stark wir auf unser Recht beharren, unsere Gewohnheiten lieben, wie schwer es uns oft fällt, die Perspektive zu wechseln und wie sehr unser Kopf auf Kontrolle beharrt. Ausschließlich materielles Denken führt zu einer eigensüchtigen und einseitigen Betrachtungsweise der Wirklichkeit und dämpft unsere Energie und Lebendigkeit, was uns aber keineswegs davon abhält, immer weiter in diesen ausgetretenen Pfaden zu wandeln. Wir kommen unserem Selbstsein aber nicht näher, wenn wir uns dabei ständig selbst im Weg stehen.

Wir unterliegen nicht nur den Konditionierungen aus der Vergangenheit, wir liefern uns auch den Manipulationen der Gegenwart aus. Unser Selbst ist angesichts des Digitalzeitalters durch Selbstvergessenheit bedroht. Und wer sich selbst vergisst, unterliegt einem fremden Lebenssinn und muss sich daher nicht wundern, wenn er eines Tages um Selbstbestimmung ringt oder sich ganz verliert.

Der Körper erträgt und trägt das alles für uns. Körperlichkeit ist ein Ort, der nicht übersprungen werden kann, denn unser (Da)sein ist an den Körper gebunden. Der Körper ist ein genialer, sich selbst organisierender Organismus, der alles enthält, was wir fühlen oder nicht fühlen und der widerspiegelt, was wir sind oder nicht sind. Daraus die Schlussfolgerung zu ziehen, man sollte alles rein physisch betrachten, ist ebenso wenig angebracht, wie zu glauben, wir seien auf diese biologische Masse beschränkt. Beides ist wichtig und richtig. Der Körper ist eine vergängliche, biologische Masse, ist der Raum, den wir als Menschen bewohnen und einnehmen, gleichzeitig ist er genial konzipiert und erzählt uns die Wahrheit, wenn wir ihn achtsam ernstnehmen. Neben der sichtbaren, lebendigen Materie, die uns ausmacht, existiert auch etwas Unfestes, Fluffiges, das wir mit unseren fünf Sinnen meistens nicht wahrnehmen, das aber dennoch da ist. Zu diesem Unfesten zählen auch unsere reinen Gefühle. Solange sie nicht emotional-kognitiv verklumpen und dadurch Störfelder bilden, fließen sie frei und gleichzeitig verbindend durch Raum und Zeit und Ewigkeit.

Unser wesentlichstes Gefühl ist das Gefühl, sich lebendig zu fühlen. Idealerweise ist es ein Wohlgefühl. Garantiert ist das jedoch nicht. Jeder von uns kennt Schmerzen, weiß um das Gefühl, von anderen Menschen abgeschnitten oder doch zumindest nicht im Einklang mit ihnen zu sein. Jedem sind Gefühle wie Ärger, Kummer, Niedergeschlagenheit, Traurigkeit, Unzufriedenheit oder Unzulänglichkeit bekannt. Diese Emotionen sind zunächst nicht weiter schlimm. Es sei denn, sie verfestigen sich und behindern dadurch unsere Weiterentwicklung und unser Weitergehen oder stehen unserem Wohlgefühl im Wege.

Angst, die über den Fluchtreflex oder mehrere Schrecksekunden hinausgeht, sich also gedanklich fortsetzt und in eine kognitive Emotion verwandelt, ist wie eine Zelle ohne Ausgang. Diese Zelle nimmt uns gefangen und infiziert uns mit einem Gift, dessen Einnahme wir nie zustimmen würden, wären wir wirklich frei. Die Auswirkungen sind erheblich: Die Belastung unseres Herzens steigt, die Klarheit unseres Denkens versagt, unser Körper schüttet Stresshormone aus.

Unsere Wohlfühl-Verhinderer – und dazu zähle ich alles, was uns von maßgeblichen Dingen wie Beziehungsglück, Erfolg, Vitalität … abhält – siedeln sowohl auf der emotionalen und körperlichen als auch auf der rationalen Ebene. Durch unsere Vorbilder sind wir von Stunde null an beeinflusst. Noch dazu finden über Generationen hinweg Übertragungen statt, die unsere Mentalität verfestigen. Dies geschieht, indem das Gehirn über das Sinnessystem in Sekundenschnelle Informationen selektiv aufnimmt, verarbeitet und interpretiert. Sobald wir erwachsen sind, müssten wir dieser Konditionierung eigentlich nicht mehr folgen, doch wir tun es ganz automatisch, weil wir es so gewohnt sind, und lange vor uns ging es unseren Ahnen ebenfalls so. Da Erleben, Verhalten und Wahrnehmung nicht wirklich voneinander zu trennen sind, weil sie mehr oder weniger gleichzeitig stattfinden, beeinflussen sie sich auch gegenseitig. Nimmt mein Geruchssinn beispielsweise jemanden oder etwas als unappetitlich wahr, wird mein Erleben, selbst wenn ich höflich bleibe und mir nichts anmerken lasse, davon irgendwie beeinflusst. Bei dieser unwillkürlichen Einordnung handelt es sich um eine Bewertung, und jede Bewertung hat eine trennende Wirkung. Bei einem anderen Menschen kann die Einordnung gänzlich anders ausfallen. Er kann beispielsweise das, was ich so unappetitlich finde, appetitlich finden und in Verbindung bleiben. Bei allen Bewertungen, Beurteilungen oder Kennzeichnungen berücksichtigt das Gehirn emotionale Erfahrungen aus der Vergangenheit. Deshalb reagieren wir so, wie wir reagieren, obwohl es sich für uns in Wahrheit vielleicht viel besser anfühlen würde oder auch angemessener wäre, anders zu reagieren. Doch unser Gehirn greift auf bestehende (Vor)urteile zurück und pfeift auf besseres Wissen. Gehen wir als Beispiel von dem Minderwertigkeitskomplex aus, sich unzureichend zu fühlen. Dieser Komplex muss nicht in allen wichtigen Bereichen unseres Seins (Beziehungen, Beruf/Business, Partnerschaft, Persönlichkeit …) auftreten, sondern kann sich auf einzelne Bereiche beschränken. Nehmen wir an, er beschränkt sich auf den Bereich Beruf/Business und Persönlichkeit. Wir fühlen uns dann entweder vom Lob eines Vorgesetzten abhängig oder dieses Lob verfehlt gänzlich seine Wirkung, weil wir es nicht wirklich annehmen können. Nichts, was wir tun, wird in unseren Augen jemals gut genug sein. Wir werden immer an uns zweifeln oder einen Haken an unserem Wirken finden, sogar wenn wir gelobt werden. Dadurch trauen wir uns wiederum nicht, für uns einzustehen, beispielsweise eine Gehaltserhöhung zu verlangen.

Wie steuern wir uns nun in eine andere Richtung? Was ist zu tun? Wollen wir verfestigte Emotionen lockern und ihnen zu mehr Durchlässigkeit verhelfen, müssen wir sie zunächst einmal wahrnehmen. Das allein genügt jedoch nicht. Wir müssen sie auch erfahrbar machen, uns ihrer umfassend bewusstwerden. Das kann dadurch geschehen, dass wir sie jemandem mitteilen, also ehrlich sagen, wie wir wirklich fühlen, statt unsere Gefühle zu unterdrücken oder zu verdrängen. Im Falle sehr heftiger Emotionen ist das sowieso überaus ratsam, um überschießenden Reaktionen vorzubeugen. Oder – und das ist insbesondere dann wichtig, wenn wir uns weiterentwickeln wollen – wir konfrontieren uns durch neue Erfahrungen und Erlebnisse mit bestimmten Gefühlen, auch Schattengefühlen. Dadurch lernen wir, mit ihnen umzugehen und sie auszuhalten. Wenn wir ausgehend von unserer Gefühlswelt reale Situationen initiieren, sie also in uns integrieren oder durch sie hindurchgehen, führt das langfristig tatsächlich zu Veränderungen, ohne dass wir allzu viel darüber nachdenken müssen. Leben ist

Bewegung und beständiger Wandel. Leben hält sich nicht auf beim Gestern. Leben ist E-Motion, also eine von Impulsen ausgehende Bewegung. Emotionen sind Beweggründe aus den Tiefen unseres Gefühls heraus.

Die Intention unseres wahren Wesens, das frei fließt, ist eine gänzlich andere als die des Pseudoselbstbilds. Es ist die Annäherung an die ultimative Wirklichkeit. Diese ultimative Wirklichkeit, die sich unserer Wahrnehmung in der Regel entzieht, enthält eine Frequenz, Intention, Schwingung – wie auch immer man das nennen möchte –, die uns ein Leben lang ruft. Selbst wenn wir diesen Ruf nicht vernehmen, ist er da. Es ist der Ruf des Lebens, unser wahres Selbst zu verkörpern und ganzheitlich zum Ausdruck zu bringen. Selbstannahme und Selbstwert sind eng miteinander verknüpft.

Niemand wird uns je die Käfigtüre öffnen. Wir selbst sind es, die durch die Gitterstäbe schlüpfen müssen. Durch Gedanken können wir einen Samen säen, die Richtung festlegen und auf Kurs bleiben. Dazu brauchen wir jedoch Zugang zu unserem Gefühlskörper, sonst bleibt alles reine Imagination. Wollen wir es auf den Boden der Tatsachen bringen, müssen wir es in uns gefühlt wiederfinden, die Schwingung spüren und verkörpern. Wer wissen will, wer und was er wirklich ist, sollte also, ich kann es nicht oft genug wiederholen, die Position seines

Gefühlszeigers kennen und realisieren, was diesen Zeiger antreibt und bewegt, also seine wahre Antriebskraft identifizieren. Denn weder können wir auf dem Weg zum höheren Selbst unseren Körper überspringen noch die Gefühlswelt. Nichts ist so entscheidend wie die eigenen Gefühle. Zu den tiefen Gefühlen in uns vorzudringen und deren Erfahrbarkeit zuzulassen, ist die entscheidende Annahme für alles andere. Bewegen wir dann noch unsere Gedanken in die gleiche Richtung, sind wir kaum aufzuhalten.

In Verbundenheit und Mitgefühl mit den eigenen Gefühlen zu sein und einen guten Umgang mit ihnen in dieser Welt zu finden und zu lernen, ist die erste Voraussetzung für die Steigerung des Selbstwerts. Der Mensch wurde geboren, um ein Meister seiner Gefühle zu sein. Seine Ausstattung in diesem Bereich ist wunderbar. Gefühle sind in ihrem Ursprung nicht nur intelligent, sondern auch eine wichtige Ressource des Überlebens und der Weiterentwicklung. Selbst wenn wir dabei durch Gefühlsdunkelheit hindurchmüssen und Schatten begegnen, ist es eine Heimkehr in ein Reich voller Wunder. Diese Heimkehr eröffnet uns Möglichkeiten, die unsere kühnsten Träume übersteigen. Der Weg ist auch immer offen. Denn letztlich lassen sich Gefühle nicht verbieten. Wir können sie verdrängen, uns ihnen widersetzen, aber wir können sie

nicht restlos eliminieren. Wir gehen zugrunde, wenn
wir das tun. Gefühle sind es, die uns stark machen,
sogar wenn wir sie als Schwäche ansehen. Unser
Herz als Zentrum der Gefühlswelt repräsentiert
das. Es schlägt im Puls des Lebens. Im Unterschied
zu unserer instinkthaften Natur oder unserem be-
wertenden und ordnenden Verstand weiß es auch
von der Wirklichkeit und Wichtigkeit bestimmter
Dinge im Leben wie Erfüllung, Freude, Liebe, innerer Reichtum, Verbundenheit, Wohlgefühl, Zufriedenheit und Zuneigung, die alle nicht käuflich sind.
Das Herz ist der Tänzer, der mit der Seele tanzt und
uns mit der Ewigkeit verbindet. Über den Sinusknoten ist das Herz mit dem Impulsgeber des Seins
verbunden und ermöglicht durch sein Schlagen
überhaupt erst körperliche Existenz und Verstands-
bewusstsein. Das Gehirn kann sich ohne das Herz
weder entwickeln noch erhalten.

Wer seine Emotionen meistert, meistert sein Leben, könnte man sagen. Was so einfach klingt, ist
jedoch häufig herausfordernd, denn unser bestehen-
des Selbstkonzept verleiht uns Sicherheit und stabilisiert unsere Psyche. Veränderung muss, wenn wir
sie wollen, von uns bewusst angestrebt werden, und
in diesem Kontext ist es wichtig, sich unseren Gefühlen zu stellen und mit ihnen umzugehen. Wir
kennen das alle vom Verliebtsein. Da geschieht es
allerdings unwillkürlich durch die Ausschüttung

von Hormonen. Wenn wir glücklich verliebt sind, lösen sich alle Bedenken, Neins, Widerstände und Zweifel plötzlich in Luft auf. Unser Herz jauchzt, unser Körper jubiliert und unser Verstand sieht nur rosarot und wir denken nur noch in eine Richtung. Verliebte sind in der Lage, ihr Leben von einem Tag auf den anderen zu ändern, nur aufgrund dieser veränderten Gefühlslage. Manchmal lässt der Absturz nicht lange auf sich warten, aber auch das ist nur ein vorübergehender Zustand, mag er uns auch noch so niederschmetternd erscheinen. Halten wir unsere Gefühle und Gedanken jedoch fest, ändert sich nichts, gar nichts. Wir müssen durch eigenes Zutun, durch eine Form des körperlichen Ausdrucks auf eine Ebene gelangen, auf der das Problem, wie beispielsweise verlassen zu sein, unappetitlich, unzulänglich, nicht mehr existiert und uns nicht mehr zusetzt. Es existiert immer eine Ebene, wo es das Problem nicht gibt. Aber wie schafft man es, dorthin zu gelangen? Jedenfalls nicht, indem man die Erfahrung umgeht. Wir müssen die Erfahrung bewusst ansteuern und zugleich mit einem tiefergehenden Gefühl verbinden, einem anderen Ausdruck sozusagen. Künstler verstehen das. Oft schaffen sie gerade in den schrecklichsten Situationen ihres Lebens die größten Kunstwerke, in dem sie so viel Gefühl in ihre Arbeit legen, dass sich das dem Körper nachhaltig mitteilt. Irgendwann übernimmt

der Körper und lässt Psyche und Geist daran teilha-
ben. So beginnt Heilung. Zielen unsere Gedanken
dann noch in die gleiche Richtung, verstärkt sich
die Wirkung.

Für uns Normalos können solche Prozesse Wochen, Monate oder sogar Jahre dauern. Wie oft hören wir etwas und können es doch nicht nehmen.
Jeder kennt das. Nehmen bedeutet zu begreifen, wie
wesentlich etwas ist – für uns, für unseren Körper
und unseren Geist. Es ist ein bisschen wie beim
Muskeltraining. Muskeln bauen sich nicht von
heute auf morgen auf. Es bedarf des Trainings. Vor-
teilhaft ist es, ausreichend motiviert zu sein. Dazu
brauchen wir eine Motivation, die unserem wahren Selbst entspringt. Darauf aufbauend können
wir dann Vertrauen üben. Wichtig ist auch Integrität, also aufrichtig und aus Überzeugung heraus
zu handeln und nicht weil wir uns anbiedern oder
beliebt machen wollen. Bewusstwerdung, Vertrauen
und Integrität sind wesentlich. Über unser Fühlen
gelangen wir dann zum Wissen und zur Verkörperung. Feminines Leadership hat es sich zur Aufgabe
gemacht, diesen Prozess anzuregen, zu fördern und
zu unterstützen, um anderen Menschen zu mehr
Freiheit zu verhelfen.

Auch ich schreibe diese Zeilen, um dich und mich
darauf zu zentrieren und um dich zu animieren, etwas in deinem Leben in Bewegung zu bringen oder

neu zu hören, zu lesen. Indem wir uns wieder und wieder auf etwas ausrichten und daraus resultierend anders verhalten, brechen wir zu neuen Ufern auf und öffnen dem Wandel die Tür. Leben ist Veränderung. Leben bedeutet, immer wieder von veränderten Standpunkten aus zur eigenen Mitte und zur Freude zurückzufinden. Zentriertheit ist deshalb so bedeutsam, weil wir unser Seelenlicht nur wahrnehmen können, wenn weder unsere instinkthafte Natur noch unser Verstand dominieren. Indem wir neu handeln, können wir emotional-mentalen Mustern nach und nach entgehen. Dadurch tritt das Licht unserer Seele stärker zum Vorschein. Dieses Licht ist immer da. Es liegt allein an uns, in ihr unermessliches Wunderfeld einzutreten und es leuchten zu lassen. Das Wunschkonzert des Universums, das einem durch die Welle der Spiritualität, die durch die Welt schwappt, heutzutage häufig begegnet, ist in wenigen Sätzen erklärt: Tu es. Tu du es in voller Absicht, also mit Feuereifer, mit Freude. Und tu es in einem Gefühl von Absichtslosigkeit, denn dann erfährst du Resonanz. In unserem Handeln oder auch Nichthandeln liegt des Pudels Kern. Auch bei mir. Die Seele will gefühlt und geliebt werden.

Als ein vom »Alten« erschöpfter, aber neugieriger Zeitgenosse kann ich es nicht lassen und bin versucht, wieder ein Seminar zu buchen. Was ich mir davon verspreche, weiß ich selbst nicht so genau,

aber der Sog, den »erleuchteten« Weissagern – erfüllt, glücklich, klug und reich – zu folgen, ist stark.
Der Markt fixt mich an. Sie erforschen Identitäten,
bringen uns zum Lachen und zum Weinen, motivieren uns, korrigieren uns. Manchmal lassen sie uns
auch kalt ablaufen. Das ist ein bisschen irritierend.
Aber was soll's. Das gehört dazu. Schließlich zählt
der Anspruch auf Exklusivität und Besonderheit zu
den sieben wichtigsten Identitäten. Könnte man es
Religion ohne Gott nennen – dieses weltweite Pil-
gern zu sich selbst mit Hilfe von Coaches, selbsternannten Heilern und spirituellen Lehrern? Oder
ist es schlichtweg spiritueller Hunger, weil wir von
anderem schon so übersatt sind?

Und welche Rolle spielt in diesem Zusammenhang der Beobachter? Dieser Beobachter, der sich
fragt: Wer bin ich? Und wer ist es, der diese Frage
stellt? Der Beobachter, der alles neu machen soll,
wo es doch gleichzeitig richtig oder falsch gar nicht
gibt. Von wo aus beobachtet er und wie ist sein Ein-
greifen zu verstehen? Lange glaubte man, dass sich
der Geist des Menschen über die Materie erheben
kann, dass Gedankenkraft alles schafft. Doch ein
Zustand, der wahrgenommen werden kann, ist bereits geschaffen und als das, was er ist, bereits wieder Vergänglichkeit. Der Beobachter kann das nur
noch feststellen oder seinen Standort der Betrach-
tung verändern und dadurch eine neue Sichtweise

gewinnen. Mehr nicht. Das Rad der Zeit kann keiner zurückdrehen. Dafür herrscht Ehrfurcht in Gegenwart von Coaches und Gurus, jedenfalls wird das erwartet. Wer was lernen will, muss anerkennen, dass es jemand besser weiß. Auch Sinnsuche – so viel steht fest – unterliegt Einflüssen, die im Dunkeln liegen‹– vor allem aber auch Einflüssen, die marktwirtschaftlichen Erwägungen folgen. Wer groß sein und bleiben will, darf andere eben nur langsam wachsen lassen. Persönlichkeitsentwicklung ist ein Geschäftsmodell. Kognitive Landkarten werden für Menschen erdacht, die ihren Lebenssinn suchen oder denen einfach langweilig ist. Deshalb sind diese Mindmaps selbstverständlich noch lange nicht falsch. Ganz im Gegenteil – man kann von ihnen lernen. Aber nur, wenn man das Gelernte auch umsetzt. Denn mehr zu lernen, macht nur Sinn, wenn es uns Freude macht und gute Ergebnisse zeitigt. Sonst resultiert daraus unter Umständen mehr Unzufriedenheit als jemals zuvor – und die muss man dann wieder mit einem neuen Seminar besänftigen. So entsteht dann Seminar-Hopping, ohne dass sich wirklich etwas ändert.

Riskiere mehr als erforderlich, lautet der Rat der Trainer. Das kann ich gut nachvollziehen. Einfach ist es aber nicht. Risikofreude zählt nicht zu meinen Stärken. Durchatmen wäre mir lieber. Deshalb gehe ich viel an die frische Luft. Atme. Lasse die Natur

auf mich wirken. Führe Gespräche. Lese. Schreibe.
Höre Musik, die mich berührt und mein Ungenügend wie eine Woge trägt. Lausche. Meine innere
Ruhe wächst trotz des üblichen Alltagskampfs. Das
hinterlässt eine Wirkung. Die Stille erzählt mir mitten in meiner Mangel-Haft das, was du hier liest.
Gedanken und Worte fließen mir zu, ohne dass ich
so genau weiß, woher sie kommen und wohin sie
gehen. Sie sind einfach da – und ich nehme sie in
Empfang und schreibe sie auf, um sie mitzuteilen.
Noch immer bin ich hin- und hergerissen. Doch in
mir reift ein Entschluss. Ich will keine neuen Anreize mehr setzen, sondern mich selbst weiterführen.
Ich will die Stimme meiner Seele hören und nicht
ständig Anleitungen von anderen erhalten. Ich will
meiner Seele folgen. Empfinden, was sie empfindet.
Hören, was sie sagt und tönt. Schmecken, was sie
mir auf der Zunge zergehen lässt. Sehen, was sie mir
aufzeigt und sichtbar macht. Spüren, was sie mich
spüren lässt. Keinen neuen Ideen mehr nachjagen,
sondern dem Leben vertrauen. Je weniger Ablen-
kung, je weniger Informationen, desto besser könnte das gelingen. Ich schreibe auf, was ich empfange.
Die Stille in mir spricht und schenkt mir Worte.
Das macht mich froh. Nach fünfzehn Jahren beginne ich zu begreifen. Das ist Selbstfindung. Sie ist
wie ein roter Faden, der uns durch das Labyrinth
unseres Lebens zum Ausgang führt. Sie kann weder

herbeigewünscht noch durch Affirmationen herbei-
formuliert werden. Sie ist kein mentales Konzept.
Sie muss sich mit unseren Gefühlen verbinden, gelebt und erfahren werden. Sie muss unserem eigenen Willen folgen, der nicht identisch ist mit unserem Eigenwillen, unserem Wollen oder dem Wollen
anderer. Sie kann auch nicht übergestülpt oder er-
zwungen werden. Möglicherweise bringen dich viele Anstöße da und dorthin, aber gehen kannst nur
du den Weg, denn es ist deiner. Er ist so einmalig,
wie jeder Mensch einzigartig ist. Du kannst dabei
abergläubisch werden, dich aufhalten lassen, dich
an Gurus hängen, in neue Komfortzonen fallen,
abdriften oder Schlimmeres. Immer aber ist es und
bleibt es (d)ein individueller Weg, weil du ein Unikat bist. Selbst großartige Meister können uns aufhalten, denn das Ego redet doch immer ein Wört-
chen mit, will aus alter Gewohnheit andocken oder
aufblicken, obwohl doch alles fließt – »panta rhei«.
Erkenne den Strom – fließe mit. Und vergiss dabei
nicht, dich selbst ganz und gar anzunehmen mit all
deinen Talenten und Nichttalenten.

»Lehre bildet Geister. Doch Übung macht den Meister.«
(Verfasser unbekannt)

18 | LERNEN UND WEITERGEHEN

Auf der Reise zu uns selbst, dem tiefen Eintauchen in unser Inneres, der Kunst sich zu wandeln, vergessen wir oft eine ganz elementare Sache: Es einfach zu tun, weiterzugehen, nicht in den alten Bahnen stecken zu bleiben. Wissen allein bringt uns nicht voran. Wir müssen der Verheißung in uns folgen, die uns ruft. Sie ist der Stern, der uns so fern und unwirklich erscheint und doch den Weg weist. Sich in der Aufarbeitung der Vergangenheit zu verlieren, immer tiefer im Unbewussten zu wühlen, sich der Welt zu entziehen oder sich selbst immer stärker zu regulieren und zu schonen, mag eine Weile gut sein, um sich zu sortieren und neue Kräfte zu sammeln, doch daraus erfolgt noch keine Bewegung. Wir müssen uns an die Energie erinnern, die uns ins Neue bewegt. Das bedeutet, unsere Aufmerksamkeit auf das zu richten, was wir wollen und was uns freudvoll und kribbelig werden lässt, und es auch umzusetzen. Nichts stärkt unseren Selbstwert so sehr wie die Erfahrung von Selbstwirksamkeit. Jeder unserer Schritte sollte uns genau daran erinnern. So sprengen wir unsere Begrenzungen und erlauben uns, zu wachsen.

Wir wurden mit natürlichen Talenten und Nicht-talenten geboren. Wer wie gebannt auf seine Nicht-talente blickt, raubt sich permanent Energie. Weitaus sinnvoller ist es, sich den eigenen Talenten auszuliefern und dort, wo wir dazu nicht bereit sind, tatsächlich Mindset-Arbeit zu machen. Selbstreflexion lautet das Zauberwort. Wer seinen wahren Selbstwert entdecken will, darf sich weder unter- noch überschätzen. Talente gibt es viele, und jeder Mensch besitzt reichlich davon, sogar die, die das nicht für möglich halten. Was also trennt die Erfolgreichen von denen, die weniger erfolgreich sind? Untersuchungen haben ergeben, dass erfolgreiche Menschen kein einziges Talent mehr besitzen als weniger erfolgreiche. Zwei Hauptmerkmale haben sich allerdings herauskristallisiert: Authentizität und sehr hohe Selbsterkenntnis. Also ein guter Grund, dieses Buch zu lesen, um ein bisschen tiefer in die Materie einzutauchen und neue Anstöße zu erhalten.

Selbstbewusstsein entwickelt sich in den ersten Lebensjahren durch Körpererfahrungen. Später setzen sich diese Erfahrungen im Seelisch-Geistigen fort und bilden schließlich ein Ganzes. Auf diesem Weg ist ein Mensch dem vorherrschenden gesellschaftlichen Kontext ausgesetzt und muss sich darin behaupten, wenn er erfolgreich sein will. Unsere Fähigkeiten und Neigungen stehen in einem Verhältnis zu den Erfordernissen der Welt, in der wir leben, und können nur dort zur Blüte gelangen. Wer allerdings mit dem Loslegen wartet, bis sich diese Deckung ergibt, wird lange warten. Wir müssen losgehen, bevor die Zeit reif ist, bevor wir bereit sind und notfalls an Fehlern wachsen oder immer besser scheitern lernen, sonst treten wir zeitlebens auf der Stelle. Wenn wir etwas wirklich wollen, ist es das Wichtigste, gezielt etwas dafür zu tun, und am besten wählen wir dafür Ziele, die uns wirklich motivieren. Denn nur ein Ziel, das größer ist, als es unsere Befürchtungen sind, wird uns genügend Selbstmotivation zur Verfügung stellen, um durchzuhalten und uns unsere Befürchtungen überwinden lassen. Umgekehrt braucht auch Selbstmotivation ein Ziel, damit sie ihre Dynamik vollständig entfalten kann. Wer darauf wartet, dass er sich bereit fühlt, wartet für immer. Gewinner sind Beginner.

Wahres Selbstbewusstsein beruht auf Authentizität, und um authentisch zu sein, müssen wir uns selbst ganz und gar annehmen und größer denken und fühlen, als wir es bislang gewohnt waren, ohne deshalb jedoch das Maß zu verlieren. Um wahrzunehmen, wer ich wirklich bin, muss ich mich meinen ureigensten Erfahrungen in einem umfassenden Sinn stellen, also fühlen, was ich wirklich fühle, erkennen, was ich wirklich denke und darauf achtgeben, was ich wirklich tue. Ich muss mein Sein in der Gänze seiner Realität anerkennen, und zulassen, das heißt, es bewertungs- und vorurteilsfrei annehmen. Jede Bewertung ist nämlich ein Widerstand, den ich dem reinen Sein entgegensetze. Selbstannahme bedeutet, sich so zu erfahren, wie man ist, und es ganz und gar zu akzeptieren.

Aus dem Fühlen entwickelt sich in unserer frühen Kindheit unser emotionales Verhalten, das heißt, sowohl die Fähigkeit, Gefühle zum Ausdruck zu bringen als auch uns selbst zu fühlen. Nicht immer spiegeln die zum Ausdruck gebrachten Emotionen unsere wahren Gefühle wider. Ab einem gewissen Alter sind schon Kleinkinder in der Lage, Emotionen vorzuspielen, einfach um zu testen, was dann passiert und wie das Umfeld darauf reagiert. Das Kognitive kann Emotionen verstärken oder abschwächen. Es kann für mehr Klarheit sorgen oder erst recht für Unklarheit. Aus der Summe dieser verschiedenen Einflüsse und Möglichkeiten kombiniert sich unser Verhalten. Unser Verhalten entspringt, sofern es nicht gespielt ist, unserem emotional-mentalen Befinden und steht gleichzeitig in einer Relation zu unserem Umfeld und zu den gesellschaftlichen Normen. Menschliches Verhalten ist insofern eine sehr komplexe und dazuhin oft sehr unvorhersehbare Angelegenheit. Hinzu kommt, dass ein an die gesellschaftlichen Bedingungen angepasstes Verhalten nur so gesund sein kann, wie es die gesellschaftlichen Bedingungen an sich sind.

Gesundheit und seelisch-soziale Befindlichkeit eines Menschen, ja, einer ganzen Gesellschaft sind nicht voneinander zu trennen. Sie hängen unmittelbar zusammen, bedingen einander. Unser Wohlbefinden hängt von der sozialen Wirklichkeit ab, die uns umgibt. Wiederum ist eine Gesellschaft, die das seelisch-soziale Wohl ihrer Bevölkerung aus dem Blick verliert, langfristig gesehen vom Untergang bedroht. Wir wissen das, verdrängen es aber häufig oder beugen uns scheinbar höheren Mächten und geben damit Verantwortung ab.

Verantwortliche Coaches lehren uns, negative emotionale Kognitionen in positive Energie umzuwandeln und zeigen auf, wie wir Urwunden hinter uns lassen. Unser Selbstwert wird nicht von allein stärker. Wir müssen aktiv etwas dazu beitragen. Folgende Punkte haben sich bei mir als wirksam erwiesen:

- Das Neinsagen zu lernen und Grenzen zu setzen, wenn jemand meine Grenzen zu überschreiten versucht.
- Mich so weit wie möglich von Schuld und Scham zu befreien. Es beispielsweise als okay anzusehen, zunächst an sich selbst zu denken und dann erst an andere.
- Mich zu öffnen und zu vertrauen.
- Meine Befürchtungen und meine Mutlosigkeit immer wieder zu überwinden.

- Raus aus der Einsamkeit und Isolation und zu mehr Miteinander finden.
- Daran zu glauben, dass ich verdiene, was ich mir wünsche und dafür zu gehen.
- Selbstwirksamkeit zu erfahren.

Frühkindliches Lernen kennt keine Gründe. Etwas erweckt das Interesse des Kindes und schon ist es – seinem Temperament entsprechend – bereit, diesem Impuls zu folgen und sich mit dem Gegenstand seines Interesses zu beschäftigen. Im Wort Impuls steckt schon, was ich verdeutlichen möchte. Leben pulst in uns – wir sind also alle im Puls des Lebens –, ohne dafür den geringsten Grund zu brauchen. Das Pulsen steht für unsere ungebremste Antriebskraft und für unser Ja zu dem, was ist. Eltern und Erzieher können ein Lied davon singen. Es ist das Streben des Kindes nach Autonomie, lange bevor es dazu in der Lage ist. Ungebremstes Lernen ist von äußerer Verstärkung weitgehend frei. Es wird durch Interesse erregt und bewegt, von Neugier beseelt, vom Drang nach Entdeckung und Wissen angefeuert und vom Vollendungsstreben betrieben und weitergetragen. Vor allen Dingen aber macht es glücklich und wer glücklich ist, lernt wiederum leichter. Mit dieser wunderbaren Ausstattung, diesem Antrieb, wird jeder Mensch geboren. Doch noch ehe wir herangewachsen sind, geht diese intrinsische

Motivation oft ganz oder teilweise verloren. Es ist eine Form der Unterdrückung. Unser unbändiges Lerninteresse wird durch die, die uns dominieren und kontrollieren beschränkt, weil es ihnen wichtiger ist, dass wir in die bereits bestehenden Strukturen passen, anstatt ihnen zu entwachsen. So werden wir zu Konformisten statt zu hochmotivierten, kreativen, flexiblen Querdenkern, die den Rahmen des Bestehenden sprengen, oder zu adaptiven Getriebenen, die mit aller Kraft den Erwartungen ihres Umfelds und der Gesellschaft zu genügen suchen. Ein gesellschaftlicher Totalschaden, der Menschen aggressiv oder depressiv macht. Da hilft nur üben, üben, üben ...

Ich übe. Ein starkes Selbst ist keine Selbstverständlichkeit – wer wüsste das besser als ich? Die Eckpfeiler stehen, auf denen ich mein Selbstwerthaus errichte. Ich übe, mich ganz und gar so anzunehmen, wie ich bin mit all meinen Stärken und Nichtstärken. Ich tue aktiv etwas dafür, dass meine Unausgewogenheit, die mir zu schaffen macht, schwindet. Auch das zählt zur Selbstannahme – ändere, was dir nicht gefällt. Ich lebe so bewusst wie möglich. Fühle mich. Achte auf meine Gedanken, höre auf meine Gefühle, nehme meine körperlichen Bedürfnisse wahr und stimme meine Handlungen und mein Verhalten mehr und mehr darauf ab. Nicht immer, aber immer öfter. Bewusstsein zu entwickeln, ist eine der wesentlichen Voraussetzungen, um den Selbstwert zu verbessern. Allmählich beginne ich, den Kinderschuhen zu entwachsen und wachse in die Eigenverantwortung hinein. Ich bin es, die ihr Leben verantwortet und Veränderungen erzeugt. Keiner sonst tut das für mich. Ich lerne, zielgerichteter zu sein und mich stärker zu fokussieren. Vieles, was mir früher schwerfiel, wird nun leichter. Noch zögere ich, das Feld zu betreten, auf dem es sich zu behaupten gilt, aber meine Zuversicht wächst und meine Integrität, die schon immer hoch war, ebenfalls.

Es läuft bei mir. Allen Zweifeln zum Trotz – denn ich habe einen superkritischen Verstand –, bin ich dabeigeblieben. Ich befinde mich auf dem Weg, der dadurch entsteht, dass man ihn geht. So gut ich kann – manchmal hapert es ein wenig mit der Verbindung –, folge ich dem Ruf meiner Seele, tröste mein inneres Kind, wenn es mal wieder durchhängt. Auch richte ich mich auf. Immer wieder. Mein Leben lang habe ich meine Schultern eingerollt, nun rolle ich sie bewusst so oft wie möglich nach hinten. Das Ergebnis: Mit über sechzig Jahren ist meine Produktivität höher als jemals zuvor. Ich bin meistens guter Dinge – und das liegt nicht an dem bisschen Vitamin D, das ich gelegentlich einnehme. Sicher, auch in meinem Leben gibt es Tiefschläge, auch tauchen immer wieder Hindernisse auf und manchmal bin ich ganz schön melancholisch. Das gehört dazu. Darin liegt die Bandbreite, vor allem aber die Spannkraft des Lebens. Doch die Entdeckerin in mir will es wissen, forscht weiter, lässt sich nicht aufhalten, lauscht. Ein stetiger Fluss. Angezogen vom großen weiten Meer.

Noch immer überfällt mich dann und wann dieses Ungenügend, welches nie genug zu bekommen scheint, zweifle und zögere ich, suchen mich Befürchtungen und Selbstzweifel heim, doch ihre Häufigkeit und Stärke vermindern sich. Wie ein bunter Teppich breitet sich das Leben vor mir aus. Hin und wieder bin ich versucht, zurückzuschauen und mich selbst wieder zu bedauern, dem Drama zu frönen. Was hätte ich nicht alles bewirken können, was hätte ich nicht alles werden können? Aber dann fällt mir wieder ein, dass ich all das nie gelernt hätte, was ich heute kann und weiß. Mein innerer Schweinehund hätte nur die leckeren Happen gefressen und wäre dabei immer fetter geworden. Trophäe gewonnen, Weiterentwicklung zerronnen. Auch wird mir klar: Die Seele kennt keine Eile. Du musst es – was auch immer es ist – nicht hetzen, jagen oder erzwingen wollen. Alles kommt zu dir, wenn die Zeit reif ist. Du musst nicht immer nur tun, du kannst es genauso gut auch lassen. Was du zu tun hast, ist weiterzugehen, zu lernen, zu üben. Ich weiß, dass ich mich diesem Gefühl, nicht genug zu sein, erst einmal hochkant stellen musste, bevor ich mich an seine Erlösung machen konnte. Dabei stolpert man auch hin und wieder. Na und?

Ich nehme die Arbeit an einem nächsten Roman auf. Mir gefällt sowohl die Idee als auch die geplante Umsetzung. Ich beginne, erste Kapitel zu schreiben, verliere die Lust, sehe mit einem Mal keinen Sinn mehr darin, weiterzumachen. Inmitten der Leere drängt sich mir dieses Ungenügend-Buch auf, formt sich schneller als sich jemals ein Buch durch mich geformt hat zu einem Ganzen. Das also ist der Plan meiner Seele. Ich gebe nach, lege meinen Roman auf Eis und folge dem Ruf. Wohin? Keine Ahnung. Alles ist so ungewiss wie eh und je. Dann und wann rebelliert mein Verstand. »Ohne Moos nichts los«, lästert er. Doch es macht mich froh und heiter, dem Ruf Folge zu leisten. Also tue ich es, denn das ist, was ich fühle, das ist, was ich vernehme. Das ist, was zu mir kommt, und ich gebe dem Raum, ich gebe mich hin. Manchmal denke ich an das, was daraus wird. Die Geisteswissenschaftlerin in mir will einen Beweis. Ich stelle die Idee ersten Verlagen vor. Freundliche Absagen sind die Folge. Kurz flackern wieder Selbstzweifel auf. Alles umsonst? Ist das der Plan meiner Seele? Sag mir, wundervolle Seele: »Bin ich im Würgegriff des Egos oder ist es die Zugkraft der Zukunft?« Das Ego schweigt.

Das Ego drückt sich auf verschiedene Arten aus. In Form von Besitzdenken. In Form von Leistungsdenken. In Form von Anpassungsdenken. In Form von Exklusivdenken. In Form von Abgrenzungsdenken. Dabei ist die seelische Verbindung immer da. Und sie weiß genau, was zu tun ist. Das Ego ist nämlich besser als sein Ruf. Das Ego ist der freudige Diener der Seele, wenn wir zur ursprünglichen Absicht unseres Lebens zurückkehren. Denn wenn alles singt und tanzt, singt und tanzt auch das Ego.

Etwas in mir ruft mir zu: »Mach weiter, Uschi!« Worte reihen sich aneinander. Ich folge. Die Seiten füllen sich, ohne dass ich einen Moment lang mein Hirn wirklich bemühen muss. Mitten in der Nacht bin ich hellwach und tippe.

Und dann ist sie plötzlich da, die Frage, die mich von nun an, Tag für Tag begleitet: Wie stärke und steigere ich meinen Selbstwert? Eins ist mir sofort klar, als die Frage sich in mir ausbreitet: Den Selbstwert zu stärken, ist keine Einbahnstraße. Jeder, der das will, muss aktiv etwas dafür tun. Ein gesunder Selbstwert verlangt den ganzen Menschen. Körperhaltung, Ausdruck, Stimme, Gefühle, Gedanken – alles spielt eine Rolle. Wer sich hängen lässt, gibt auf. Schauen wir uns das mal am Beispiel Ehrlichkeit an. Ehrlichkeit ist ein hoher Wert, häufig verknüpft mit Freimut, Klarheit und Offenheit. Indem wir uns aufrichten, aufrecht gehen und freimütig sprechen, stehen wir dafür ein, stehen zu uns und unseren Werten. Wir buckeln nicht, sondern behaupten uns, falls es erforderlich ist. Unterdrücken wir unsere Wahrheit, unterdrücken wir uns selbst. Das wiederum ist wie ein Signal für andere, die uns dann entweder dominieren oder ebenso unterwürfig handeln wie wir. Und solange wir uns selbst bewerten, stellen wir unseren Wert ganz automatisch immer wieder infrage.

Mein $E = mc^2$-Versuchspiel habe ich längst vergessen, als mir eines Tages auffällt, dass ich neuerdings immer öfter dieses seltene Ding sehe, das ich einst im Jux als ultimativen Test beim Universum bestellt hatte. Dieser Jux, den ich hier nicht näher erläutern möchte, denn sonst erlebe ich womöglich einen Ansturm, taucht plötzlich an allen Ecken und Enden auf. Wie ist das möglich? Gibt es tatsächlich so etwas wie eine universelle Absicht, die einen Ruf vernimmt und darauf antwortet? Es ist zu kurios und zum Lachen komisch. Das Wunder lebt. Ich komme mir vor wie eine Schatzsucherin, die nach Gold schürfen wollte und dabei auf eine Diamantader stieß. Ich schlussfolgere: Die universelle Absicht ereignet sich im Unterschied zu unserem Wollen jenseits von Zeit und Raum. Sie folgt völlig anderen Gesetzmäßigkeiten, als wir uns vorstellen können. Sie lässt sich nicht ersehnen oder erdenken.

Sie verlangt eine gewisse spielerische Leichtigkeit von uns. Oh, ja, das tut sie. Und ich folge.

Jetzt aber atme ich erst einmal durch, spiele, spüre mich, tanze, trinke Tee, denke unanständige Sachen oder lasse einfach die Seele baumeln, vielleicht meditiere ich auch oder singe. Und dann schreibe ich das nächste Buch. Denn Schreiben macht (mich) glücklich.